REPÚBLICA GUARANI[x]

Sylvio Back

República Guarani

CAPA
Eduardo Faria/Officio

COLAGEM
Marcos Bento

70

REPÚBLICA GUARANI

AUTOR: Sylvio Back

DIRETOR DA ALMEDINA BRASIL: Rodrigo Mentz
EDITOR: Deonísio da Silva
ASSISTENTES EDITORIAIS: Elza Galdino e Mary Ellen Camarinho Terroni
ASSISTENTES DE PRODUÇÃO: Larissa Nogueira e Letícia Gabriella Batista
ESTAGIÁRIA DE PRODUÇÃO: Laura Roberti

REVISÃO: Daboit Textos
CONCEPÇÃO GRÁFICA/CAPA: Eduardo Faria/Officio
COLAGEM: Marcos Bento
FOTO DO AUTOR: Frederico Mendes

SUPERVISÃO GERAL: Deonísio da Silva e Marco Pace

ISBN: 9786554271769

Setembro, 2023

Dados Internacionais de Catalogação na Publicação (CIP)
(Câmara Brasileira do Livro, SP, Brasil)

Back, Sylvio
República guarani / Sylvio Back. --
São Paulo, SP : Edições 70, 2023.

ISBN 978-65-5427-176-9

1. Brasil - História 2. Catequese - Ensino bíblico3.
Documentário (Cinema) - História e crítica
4. Entrevistas 5. Indígenas - História
6. Jesuitas - Missões I. Título.

23-162501 CDD-791.433

Índices para catálogo sistemático:
1. Documentários : Cinema : História e crítica
791.433
Tábata Alves da Silva - Bibliotecária - CRB-8/9253

Este livro segue as regras do novo Acordo Ortográfico da Língua Portuguesa (1990).

EDITORA: Almedina Brasil
Rua José Maria Lisboa, 860, Conj.131 e 132, Jardim Paulista
01423-001 São Paulo | Brasil
www.almedina.com.br

Pensar es insalubre

AUGUSTO ROA BASTOS

Para Maraidith,
com amor

Assim é a maioria dos índios: hoje, anjos, amanhã, demónios. (Florian Paucke, S.J.).

APRESENTAÇÃO

Evangelho da dessacralização

RODRIGO FONSECA*

SYLVIO BACK NUNCA FOI DE PANELAS. Os temperos do realizador de "Lost Zweig" (2003) combinam picardia e risco. Suas ficções cortam as amarras sociológicas que, muitas vezes, agrilhoam o cinema nacional aos protocolos de mais-valia, buscando sua universalidade num estudo sobre as contraindicações morais do processo civilizatório, vide "Aleluia, Gretchen!" (1976). Já seus documentários, com destaque para "O Contestado - Restos Mortais" (2010). fogem da "suposta" isenção clamada por muitos cânones do real, apostando na ironia, na denúncia rasgada e numa prática semiótica que fragmenta signos históricos coroados como respostas para as dissonâncias que nos afogam na vala da crise – econômica, política, simbólica. Em "República Guarani", lá de 1982, ele ousou entrar no terreno dos documentários sobre culturas indígenas não com uma verve antropológica de observação, mas, sim, com o desejo de devassar a herança jesuíta da catequização forçada de povos que já estavam nestas terras antes do Descobrimento, ou seja, da chegada dos europeus. O que Back promove não é uma aula de História, mas, sim, um

---

* Rodrigo Fonseca é crítico de cinema, dramaturgo e roteirista

ensaio dialético sobre o vínculo (imposto) de toda uma civilização milenar com a bata clerical de representantes da cruz. Uma cruz que, por vezes, pesou nas costas de populações ligadas à floresta como um indício de invasão, de dominação, de rapinagem. A passagem de seu roteiro para as páginas deste livro abençoa uma catarse libertária que o cinema, em dobradinha com a literatura, é capaz de gerar.

SUMÁRIO

Os jesuítas impuseram (aos Guaranis) uma disciplina repressiva baseada nos seguintes princípios: cada homem é por natureza livre, porém, deve ser estreitamente vigiado, controlado e dirigido em sua vida diária, em seu comportamento, em seu pensar e em seu rezar. (Branislava Sušnik).

UM NÃO-ROTEIRO

REPÚBLICA GUARANI[x] É UM documentário cinematográfico de longa-metragem. O que vocês vão ler, na verdade, é um não-roteiro do filme. Porque nem é a estrutura literária dele ou guia de filmagens, que nunca foram escritos, nem propriamente a sua figuração posterior, como leitura acabada da obra. O texto se aparenta mais a uma reflexão em voz alta sobre o filme, a inconfidência de suas intenções mais recônditas livremente alinhavadas pelo autor. Uma visão privilegiada, sem dúvida, à espera de cumplicidade...

Documentário e livro se atraem e ao mesmo tempo se repelem. Ambos possuem autonomia de voo. Um não é muleta do outro. No entanto logram estabelecer um insólito e profícuo diálogo quando colocados cara a cara. E esta é a veleidade na publicação destas "memórias" do filme. Levar o leitor/espectador a partilhar da mesma emoção cunhada em códigos diferentes, portanto, em estéticas apartadas pelo tempo, discurso e tecnologia, tornando-as inextricáveis na sua cabeça.

A temática, fascinante por si só, inédita nas dimensões em que foi esmiuçada em imagens e palavras, exigiu esta revelação do arcabouço intelectual do documentário, exatamente para proporcionar maior tensão ao seu futuro parceiro. Mais ou menos como se alguém tentasse surpreender a criação na antessala da realização, na doce ilusão de surgir dela com o gosto supremo da obra. Mas tudo não passará de miragem. O mágico, afinal, é intraduzível.

No que tem de supérfluo este introito, ele ao menos produz a sensação de que o leitor/espectador está à soleira de uma viagem fantástica ao interior da história do homem da América Latina. Doravante, poesia, memória e espanto palmilharão sua trajetória.

INTRODUÇÃO AO FILME

ENTRE 1610 E 1767, ano da expulsão dos jesuítas das Américas, numa vasta área dominada por índios Guaranis e parcialidades linguísticas afins e drenada pelos rios Uruguai, Paraná e Paraguai, vingou um discutido projeto religioso, social, econômico, político e arquitetônico, sem equivalência na história das relações conquistador-índio.

Essa sociedade *sui generis*, criada por jesuítas com sucessivas gerações de Guaranis, cujo número final estimado é de meio milhão de pessoas, desde os seus primórdios nunca deixou de provocar uma contundente polêmica.

Por coincidência ou não, trezentos anos depois, ainda mantido o indígena na condição de inferior, é possível identificar uma nostalgia daqueles tempos, com novo verbo, novas técnicas pedagógicas e maior sofisticação ideológica.

Ante às similitudes com o passado - flagrantes e assustadoras - ***República Guarani***[x] é a retomada do debate, quando menos, uma advertência.

Viemos para servir a Deus... e também ficar ricos. (*Bernal Diaz de Castillo*).

PASSADO RÉU

I

FREQUENTEMENTE ME PERGUNTAM POR que, nesta última década, tenho realizado apenas filmes tomando a História como tema. Uma série de fatores se acumula, e onde não consigo privilegiar um em detrimento de outros.

O fato de o cinema brasileiro poucas vezes ter voltado suas câmaras criticamente em direção ao Extremo Sul fez nascer em mim um projeto não premeditado de esquadrinhar cinematograficamente os estados com os quais estabeleci profundos laços culturais e existenciais.

Estou convicto de que o Brasil não termina em São Paulo, nem que a Argentina começa abaixo do rio Paranapanema...

Não raro ouço, também, expressões de surpresa a respeito do meu cinema, dado o insólito do abordado, ora quando levanto a fantástica Campanha do Contestado (em "A Guerra dos Pelados") ou quando indago sobre as origens da moderna tragédia do nosso índio (como neste "***República Guarani***[x]"); ou quando invento um personagem negro, Repo, como em "Aleluia, Gretchen", para conduzir minha intepretação sobre a imigração alemã no Brasil.

Ou, ainda recentemente, recheando a Revolução de 1930 de ironias e armadilhas cinemáticas, e transformando - através de uma linguagem de ruptura - fatos heroicos e figurões em alegres e ridículos fantoches do nosso grande circo político, onde o elogio do déspota é a principal ladainha.

Mas (ainda) tem negro e índio no Sul? E que irreverência sem outra, a de erigir o Contestado como um acontecimento até mais importante que Canudos. "Aleluia, Gretchen"? Parece filme estrangeiro! Um movimento sedicioso tão desfrutável ("Revolução de 30"), famoso como "1930, a revolução que mudou o Brasil" (*sic*), não pode ser ridicularizado! Coisas assim.

Fico pensando que, de repente, o Extremo Sul ainda sofre, no inconsciente coletivo nacional, do mesmo sentimento que animava os castelhanos dos séculos XVII e XVIII, que pretendiam cortar o Brasil português à altura de Guaíra-Cananeia. O Extremo Sul não é um Brasil diferente, contrariando afirmativa racista que sobre ele se cunhou.

Ao longo de uma carreira de 15 anos meus filmes têm sido um testemunho audiovisual disto: o Sul armazena um manancial de reflexão e de temáticas contundentes, nelas residindo até uma natural reação à conspiração cultural que se vota à região, a partir do eixo Rio-São Paulo.

Há sempre uma pitada de discriminação no ar. Mais ou menos como se o Sul representasse um capítulo heroico da nossa História, portanto já resolvido, ou então incômodo reconhecer (e compreender) que subsiste uma cultura de imigrantes e "portunhola" paralela à luso-africana, convivendo com ela, interrelacionada, viva, vital, transformada, teórica, latino-americana, brasileira.

Daí a minha preocupação, como artista multiestadual dessas paragens, intelectualmente por estas formado e informado, em cavoucar o lado escuro, as "tinieblas" do Sul, rompendo pelo seu fabuloso (e por descobrir) passado afora, relacionando-o poeticamente ao presente.

O Sul é um inaudito paraíso de paisagens humanas e sociais: o Sul é o retrato falado desse Brasil que ainda precisa recobrar contornos para ganhar seu verdadeiro aspecto anímico.

Tenho feito emergir tão somente uma rata ponta do iceberg que escamoteia todo um universo que anseia por ser arrebatado.

No decorrer da década de 70 a própria instabilidade que é ser cineasta neste país construiu, em parte, as minhas inquietudes quanto à História recente e remota do Extremo Sul. Quer dizer, condições de produção, o fato de eu insistir em permanecer fisicamente na área, meu esquema de sobrevivência profissional, as origens étnicas e familiares, tudo acabou convergindo para sacudir as minhas próprias ansiedades. A biografia incontornável.

Depois, adoro mexer na História. Pressinto algo erótico nessa investigação não científica sobre personagens e ocorrências que a historiografia oficial ou aquela guindada a interesses partidários e/ou ideológicos procura eleger como definitivo, indiscutível, como dogma: um simulacro da verdade que se vai reproduzindo como tal pelos tempos e espaços com toda a impunidade, precisamente por se calcar no consenso dos chamados bem-pensantes. Recuso-me a aceitar qualquer palavra final sobre assunto que seja.

Os últimos anos, quando dúvidas levaram de roldão muitas certezas até então religiosamente cultuadas, incrementaram o desejo de reavaliar a História próxima a mim a partir de um prisma onde o compromisso maior estivesse do lado do imaginário, pois ele sempre está mais sintonizado com a verdade.

Busco com meu cinema um permanente engajamento com a criação livre, com um rearranjo pessoal da realidade, dentro de uma estética experimental, nova, subversiva, abusiva até em termos de mercado, exibição e público.

Enfim, que nenhum comprometimento, por mais forte e circunstancialmente importante, me leve a trair o cinema.

O passado é sempre acusador. Daí essa incúria institucionalizada, ora fruto do nosso subdesenvolvimento, ora patrocinada pelos poderosos e burocratas da cultura (e mesmo por intelectuais), ambos no fundo elos da mesma corrente. Melhor, pois, esquecer.

Importante assinalar que quando se remonta ao pretérito, quer recorrendo a fotogramas do cinema mudo, quer consultando literatura coeva, impossível retrazê-lo como a sua integridade original. Seria, inclusive, abdicar do nosso próprio arbítrio em discernir sobre ele, como também minimizar a faculdade mágica de cada um em se transportar no tempo e revê-lo à sua maneira.

Toda vez que me debruço sobre algum acontecimento histórico, o tomo mais como álibi que como curiosidade em torno do fato em si. O fato coloca-se, aí, antes como um gancho indiscutível. Nem por isso, no entanto, deixo de exaurir o episódio em todos os seus aspectos e implicações.

Mas o principal é que o passado esconde brechas e revela facetas mais sedutoras do que as legadas monoliticamente aos nossos dias. Interesses, ideologias, autoritarismos de todo matiz, tudo conflui para que às lembranças seja reservado um papel passivo.

A memória evoca uma dinâmica similar à do presente. Só a compulsão que se sente a toda hora em recorrer a ela para tentar perceber o que se faz ou planeja, já a torna sítio de uma dialética em permanente mutação.

Preciso desse planeta estranho, como já alguém o definiu, para cinematograficamente interpretar - a meu modo - o mundo que me toca.

II

A historiografia brasileira é um ninho de falsidades; sem falar que a História, de um modo geral, é sempre escrita pelos vencedores. E sua irmã gêmea, a História latino-americana, não seria diferente em relação àquelas quase cinquenta missões jesuíticas tornadas famosas sob o contraditório cognome de "República Guarani", ou "República dos Guaranis".

Então, de que maneira explicar o enclave socioeconômico que durante 150 anos, constituído de alguns religiosos e milhares de indígenas, resistiu ao assédio e à concupiscência do mundo colonial, na mesopotâmia dos rios Uruguai e Paraná?

Para chegar a uma relativa conclusão, tive que revisitar o sótão da nossa História e do próprio Cone Sul, driblando livros e testemunhos que insistem em pintar aquelas missões edificadas entre o alvorecer do século XVII e destruídas em meados do século seguinte com tinturas igualitaristas, uma espécie de elo perdido do socialismo nos trópicos, um enquadramento harmonioso do indígena e afirmativas que tais, algumas inocentes, outras fruto de pura desinformação, a maioria, porém, de má-fé.

Há dez anos já me havia proposto a uma tarefa semelhante: reconstituir "desdramaticamente" a esquecida Campanha do Contestado, violento conflito regional, envolto em silêncio e cumplicidade, uma mancha rubra na crônica libertária do povo brasileiro.

Um "My Lai" que se antecipou em meio século: crianças eram jogadas para cima e aparadas no fio da baioneta; o extermínio - uma nova adivinhação, o da Indonésia - deveria ser completo, nem os animais domésticos vivos, uma assepsia que homenageasse Canudos.

O sangue adubou todo o Meio Oeste de Santa Catarina: os cadáveres insepultos clamam por justiça até hoje no olho armado dos "boias-frias" maltrapilhos.

Pouco gente conhece o Contestado, talvez porque tenha faltado um Euclides da Cunha para reportá-lo à posteridade, ou quem sabe, a vergonha dos algozes sobreviventes seja mais repressiva. No meu filme "A Guerra dos Pelados" (1970), o sacrifício popular veio inteirinho à tona (como antes já emergira no romance de Guido Wilmar Sassi, "Geração do Deserto", pelo qual balizei o roteiro).

Toda a fantasia foi rala para sobrepor-se à realidade dos fatos vividos, escondidos, sofridos e contados. Mesmo assim, a Censura extirpou uma cena em que um dos "pelados", interpretado por Zózimo Bulbul, rasgando títulos de propriedade das terras surrupiadas aos caboclos pela Southern

Lumber and Colonization Company, grita: "Chega de miséria! Chega de miséria!" Exemplar.

"A Guerra dos Pelados" é considerado por Brasília como "um filme impróprio para o veículo" (a televisão). O fantasma dos barões da terra continua vigilante.

Depois de "A Guerra...", resolvi acertar algumas contas étnicas pela razão de ser filho de imigrantes. O Sul é quase um mistério para quem o identifica através da ótica de um cartão postal: há décadas, o Extremo Sul alimenta folclore, mitos e, principalmente, aleivosas interpretações sobre a colonização estrangeira e a epopeia de sua civilização

Típico exemplo é o do Contestado, nunca associado a Canudos, conquanto tenha sido, a par da aberta luta de classes, uma primitiva guerra anti-imperialista de inspirações separatistas até, eivada de concepções político-ideológicas avançadas para a época (1912-1916). Uma religião caipira pretendia substituir o altar de divindades da Igreja Católica pelo profeta João Maria e seu Exército Encantado.

Não foi fácil arregimentar indícios redivivos do concubinato Integralismo-Nazismo nos estados do Extremo-Sul, que seria (e acabou sendo) a tônica pública do meu "Aleluia, Gretchen" (quando, na verdade, o filme é uma parábola sobre o regime brasileiro dos últimos quinze anos e um discurso sobre o imanente autoritarismo na vida das pessoas).

Parentes fugiam a ter que rememorar a década de brasa e fogo dos '30; integralistas desconversavam, "o passado já morreu, pra que cutucar num vespeiro ressecado"; a literatura era (e é) mirrada, medíocre e mentirosa.

Porém, nada mais indiciante do que a imagem, e nela vi milhares de brasileiros, "bons" brasileiros, aliás (...), teuto-brasileiros, operários, classe média, mulheres, negros, adolescentes, todos, indistintamente, desfilando pelas ruas XV do Paraná, Santa Catarina e Rio Grande do Sul, sobraçando suásticas e empinando bandeiras nazistas bordadas a ouro. Que solenidade, que orgulho, que empáfia, um estado de graça coletivo.

O Integralismo falava alemão com sotaque; Plínio Salgado era mais vertido para o alemão do que as arengas de Hitler traduzidas. Se as fotografias amarelecem, os sigmas e anauês venceram o tempo e continuam a lamber casquinhas do poder; quando menos, veem-se teses "pardas" travestidas de fatiota nova.

"Revolução de 30" encaixa-se no meu tabuleiro cinematográfico sulino com a mesma desfaçatez. De repente, eu estava cara a cara com um Brasil tradicional que nem os melhores memorialistas, historiadores ou jornalistas haviam captado com tamanho viço.

A cada fotograma recolhido, a década de '20 foi ressurgindo saltitante, cheia de novidades, com suas revoluções (como sempre) de "cima para baixo", tentativas incontáveis de golpes, o movimento obreiro meio anarcossindicalista, meio comunista, feito cabra cega, os governantes posudos e "eternos", o dia a dia político-institucional parecia ter dado um bote para trás de meio século, ou mais.

É um país incrível esse das primeiras "pacificações" rondonistas do índio filmadas (que depois acoplei ideogramaticamente à eleição de "Miss" Brasil); da imitação escancarada e canhestra do cinema americano à devastação louca de florestas, do melodrama suburbano do nosso cinema às gigantescas manifestações de massa, da industrialização incipiente à urbanização nervosa do Rio e de São Paulo, do povo espectador à classe média chegando.

O cinema não deixou escapar nada.

Embora muito tenha sido escrito sobre o período recenseado em "Revolução de 30", a própria Revolução era algo nebuloso, uma esfinge desbotada de onde só surgia em foco a figura de Vargas.

Com o filme, no entanto, fui ao fundo da época e do próprio movimento, resgatando rostos e relembrando fatos marcantes, indelevelmente registrados pelos heroicos e anônimos cineastas daqueles tempos bicudos: desta maneira pude reencontrar, em carne e osso, jovens como seu ideal e velhos como seu oportunismo, alguns dos figurões que escreveram o nosso cotidiano. Uma aventura fascinante.

Documentário com entreatos de longas-metragens de ficção do cinema mudo brasileiro, "Revolução de 30" consegue furungar em velhas cicatrizes e recordações mal arquivadas.

Prospectar e montar o filme foi um trabalho de monge, de arqueólogo e de ourivesaria cinematográfica. E nisto tudo, nessa ânsia para desentocar e "remendar" pacientemente imagens corroídas pelo descaso, desse cinema sem filmes de que se compõe a própria filmografia nacional, concluí que o cinema sobrevivente é, no conjunto, um libelo inapagável, a relação escandalosa de um Brasil que nunca antes se vira refletido em seu grotesco e em sua pureza com tanta nitidez e profundidade. Mesmo quando caudatário, subserviente ao Estado e ao ricaço, mesmo quando ostensiva e pobremente busca sua imagem jamais fixada, plagiando o fotograma que vem do exterior. Ao menos, é um cinema feito por mágicos que em momento algum perderam a esperança diante das adversidades econômicas e institucionais e culturais e tecnológicas.

"Revolução de 30": a revivescência de todo o poder de fogo que contém as belas e inexcedíveis imagens do primitivo cinema brasileiro. O filme é uma vitória sobre a amnésia tupiniquim.

"Revolução de 30" e ***República Guarani***[x] estão umbilicalmente atados pelo mesmo diapasão narrativo, por serem ambos documentários heterodoxos. A prática da consecução da ideia no primeiro reflete-se neste, os dois quase que se completam em matéria de linguagem e invenção. Mas foi em "Revolução de 30" que sobreveio a revelação de algo que eu já vinha ruminando há tempos: a superação formal, portanto ideológica, do documentário brasileiro. E como escapar a isto?

Tudo começou magicamente ao me defrontar com a questão vital que o fotograma recuperado propunha: como sonorizar o cinema mudo sem acrescentar-lhe um elemento espúrio (o som), sem violentar-lhe a singeleza e a força dramática unívocas? O cinema mudo se basta a si mesmo, prescinde de qualquer som para se realizar como cinema, enfim. E como entrar nesse mundo que nos é apartado, tão resolvido na sua "imagem-imagem" irretocável, no seu ritmo perfeito, transcendente?

Foi de uma autêntica "recriação" do espetáculo do mudo é que assomou essa abordagem cinemática absolutamente desconcertante de "Revolução de 30".

Procurei levar ao espectador um leque de vertentes audiovisuais onde a rotineira facilidade da informação pronta, pasteurizada e irreflexiva *a posteriori*, eu quase diria "mobralesca", é substituída por uma torrente de cenas extravasando significados e ambiguidades e por um som múltiplo, mobilizador, estimulante.

Um desafio que a todos deixou atônitos e que reaparece em ***República Guarani***[x] amadurecido, acabado como se fora um estilo.

III

Desde que me decidi pela feitura de ***República Guarani***[x], há questão de quatro anos, uma estranha sensação de estremecimento e impaciência me acompanha toda vez que consigo flagrar cinematograficamente a inconsciência branca (brasileira e castelhana) a respeito do destino dos índios do Sul do Brasil, Paraguai e Argentina, de ontem e de hoje.

Nesta pesquisa, diferente de todas as anteriores, quando os despojos estavam à minha frente, de bandeja, com os Guaranis das missões jesuíticas, senti que desenterrava um indigente ilustre, como se inventariasse uma ossada indesejável, e por isso mesmo, incriminatória.

Se isto soa a retórica, a verdade é que o Brasil Meridional e o próprio Rio da Prata (exceto o Paraguai) desconhecem, senão de forma fragmentada, a existência sob seu nariz de inúmeras parcialidades indígenas, respirando, oprimidas, com fome, doentes, e cujo fausto ocorreu há três, dois séculos.

Mais ou menos a ideia de que, afinal, toda a matança do século XVII (e seguintes), as heroicas (...) "razzias" dos bandeirantes foram insuficientes para eliminar esses "intrusos"? Temos que, ainda hoje, em pleno capitalismo "fulgurante", enfrentar o problema de alguns "outros" exigindo direito à vida, à terra, a horizontes, à inviolabilidade da sua cosmovisão?

Levado pela intuição e por uma misteriosa vontade em surpreender criticamente o "diktat" sacramentado, fui atropelando em leituras e estudos completamente assimétricos - uma temática nunca antes fixada em celuloide. Fui, é certo, mais guiado pelos fluidos dessa dúvida e questionamento que os anos setenta nos legaram, do que por alguma premonição intelectual.

Pensaram que com "Aleluia, Gretchen" e, depois, com "Revolução de 30", cujas imagens majoritariamente comentam o Sul "revolucionário", eu tivesse aplacado minha curiosidade regional. Mas, dois livros devorados num espaço de dez anos, o do antropólogo catarinense Silvio Coelho dos Santos, "Índios e Brancos no Sul do Brasil", e "A República 'Comunista' Cristã dos Guaranis", do abade suíço Clovis Lugon, reacenderam a insopitável volúpia em tocar no estabelecido, no sancionado.

Lugon desencadeara o processo ainda durante o correr dos anos sessenta: sua obra, um dos mais completos e polêmicos roteiros sobre as "reduções" do rio Uruguai, embora o autor nunca tivesse estado na América, literalmente, me fizera a cabeça, como de certa forma ainda é o parâmetro de leigos, intelectuais e religiosos que lidam com a crônica genocida dos índios do Cone Sul.

Santos, por sua vez, reconstitui a sangrenta saga da interiorização dos imigrantes alemães, polacos e italianos, ocupando os "espaços vazios" do Sul, de meados do século passado a começos deste, à base de uma mortandade surda, acobertada pelo etnocentrismo do Império à República ("eu não sabia que matar índio era crime...").

No processo de criação de ***República Guarani***[x], na fase de montagem, filmadas as sobrevivências arquitetônicas e urbanísticas das "reduções" do Brasil, Paraguai e Argentina, levantada vasta iconografia (croquis, desenhos, mapas, gravuras, etc.), entrevistados especialistas de vários países, eu conjeturava: como provocar essa colagem histórica com o dramático quadro do indígena atual, sem recorrer ao mero contraponto de filmar os índios no seu próprio "habitat", enfim, tentar "cinematografar" a denúncia do livro de Santos.

Foi quando topei com uma imagem-síntese do que eu pretendia, uma imagem que pudesse ao mesmo tempo traduzir o desdobramento secular da exaustão cultural provocada pela "civilização" e as missões junto aos Guaranis e a sua resposta hodierna, através de um genocídio exemplar, ou de uma morte em vida. Tanto aquelas como este se equivalem, afinal. Um documentário de média metragem, filmado em 1956, pelo antropólogo e cineasta Vladimir Kozák, apanhara remanescentes de uma tribo da família linguística tupi-guarani, de nome Xetás (Hétas), vivendo em pleno universo pré-cabralino.

Os Xetás vinham evitando um contato sistemático com o branco, mesmo quando sua terra roxa era irremediavelmente assaltada por colonos que tomavam o Norte "bravio" paranaense. Eles, então, praticamente, se homiziaram na Serra dos Dourados, onde a câmara de Kozák foi colhê-los numa espécie de terrível "cemitério de elefantes", resistindo. Juntei História, Mitologia, um presente insofismável representado por essa trágica imagem de cinemateca e revolvi a questão indígena das "reduções" e sua projeção no tempo com o tônus de uma opinião laica sobre o próprio sentido da missão religiosa.

República Guarani[x] é uma reflexão humanista sobre a aproximação Igreja-índio, desde a Conquista, no século XVI, aos dias atuais. Meu filme, categoricamente, põe sob suspeita todo e qualquer tipo de ocupação ideológica do indígena, no passado ou na atualidade.

Nisso, ***República Guarani***[x] aparece como uma cunha cinema brasileiro adentro. A maioria dos filmes sobre índios realizados no Brasil ostenta um indisfarçável comprometimento com a visão tutelar, autoritária da Igreja. Em outras palavras, há uma síndrome religiosa no porão dos documentários ou filmes de ficção brasileiros em que se discute a condição humana do indígena.

Quero exumar o cadáver dessas relações entre a comunidade religiosa e a comunidade primitiva do gentio.

Como a Igreja, nos últimos anos, tem se ombreado às melhores manifestações civis contra a autocracia nacional e seu respectivo estamento militar, debater seu relacionamento com os índios virou tabu, temática intocável. Ouso, no entanto, enfrentar a tácita proibição: até que ponto, hoje como sempre, a Igreja se alinha à causa indígena, simplesmente para conquistá-lo evangelicamente, portanto para tirar-lhe o ectoplasma mítico, "pagão" e substituí-lo por divindades totemizadas, porta-vozes de dogmas e liturgias etnocêntricas?

Da nostalgia do "bom selvagem" à sua visão modernizante, do índio colonial ao índio miticamente trespassado, o filme penou para assumir a sua necessária autonomia como cinema, já que não sou historiador, antropólogo ou etnólogo. Nem religioso.

Sei disso, trabalhei com categorias caras aos discursos acadêmico e da Igreja. Mas joguei livremente com elementos científicos e dados ideológicos que me parecem uma assustadora recuperação. Desafiador.

O filme, resultante estética da perplexidade que foi enxergar dentro da escuridão do fato cristalizado, certamente vai sacudir crendices e lendas sobre esse fantástico, e nem por isso menos aterrador e criminoso, destino histórico do Cone Sul, onde as "reduções" jesuíticas tiveram um peso e um significado capitais.

República Guarani[x] – um enredo tão nebuloso quanto instigante, que fatalmente conduzirá o espectador a questionar as suas mais profundas convicções sobre o que fazer com este "estrangeiro" defronte à sua consciência de branco e animal violento por excelência.

La espada, la cruz y el hambre iban diezmando la familia salvage (Pablo Neruda).

APROXIMAÇÃO HISTÓRICA

TUDO COMEÇOU NA CÚSPIDE dos 1600: os espanhóis, para deter as investidas dos bandeirantes em direção do Rio da Prata e às minas de Ouro de Potosi (no então Vice-Reinado do Peru, hoje Bolívia), incumbiram os jesuítas de Assunção de neutralizar esse avanço que subvertia a imaginária linha divisória de Tordesilhas (que passava por Laguna, no mais tarde estado de Santa Catarina). E, ao mesmo tempo, determinaram aos inacianos que fossem estendendo sua evangelização rumo no Atlântico: a saída para o mar acabaria cortando o Sul do Brasil da ocupação portuguesa do litoral, pensava a Coroa.

Durante uns quarenta anos (entre 1610 e 1651), paulistas e religiosos da Companhia de Jesus se hostilizaram até às armas, os primeiros preando índios para as lavouras de Piratininga e os canaviais do Nordeste (só os irmãos Preto e Raposo Tavares teriam matado ou capturado mais de 300 mil índios), e esses arregimentando neófitos para as chamadas "reduções" jesuíticas (reduzir para catequizar ou viver segundo a "lei da Igreja e da vida urbana"). Essas inéditas missões religiosas visavam isolar a população ameríndia, tanto dos mamelucos (mulo dos escravocratas espanhóis, chamados de "encomenderos"): ao invés do espectro da morte e da servidão, o índio era habilitado ao mundo colonial através desses "pueblos" ou "povos", por cuja proteção pagava um tributo, que era destinado ao rei, e para isso produzia organizadamente sob as ordens dos jesuítas.

Enquanto uns surrupiavam o corpo do indígena, para aproveitar sua força de trabalho e limpar o terreno para a ampliação das fronteiras internas portuguesas e alcançar o mítico Eldorado, os padres procuravam salvar a alma do gentio na esteira da colonização espanhola, pois estavam "a serviço de Deus, Nosso Senhor, e também, serviam a Sua Majestade, o Rei de Espanha", como se dizia aquela época em que Igreja e Estado formavam uma só instituição política.

Assim, nos primeiros anos do século XVII, no atual estado do Paraná, cuja parte Norte e Centro-Oeste constituía a Província del Guayrá, os jesuítas instalaram mais de dez "reduções", uma delas, inclusive, a de São Miguel, ficava a cem quilômetros do local onde, meio século depois, surgia a Vila de Nossa Senhora da Luz dos Pinhais de Curitiba.

Em 1610, os padres Simon Maceta e José Cataldino, ao fundarem próximo à margem esquerda do baixo Paranapanema as pioneiras missões de Nossa Senhora de Loreto e Santo Inácio Mini, lançavam as bases da futura e polêmica "República Guarani", aliás, nunca explicitamente reconhecida pelos jesuítas. (Mesmo quando expulsos das Américas, em 1767, acusados de tentarem formar com suas "reduções" um Estado dentro do Estado espanhol, não fizeram força para desmentir as evidências jurídicas, geopolíticas e até bélicas disso: com as milícias Guaranis várias vezes atacaram a Colônia de Sacramento, como ajudaram a sufocar as primeiras manifestações de independência do Paraguai, as famosas "revoltas Comuneras").

Não demorou, e os bandeirantes empreenderam uma série de "razzias" na região protoparanaense, o que obrigou os padres, agora sob a direção de Antonio Ruiz de Montoya, o ideólogo do "império jesuítico", a emigrar, juntamente com 10 mil índios batizados (números creditados à literatura vaticana) rio Paraná abaixo, contornando o complexo das corredeiras de Sete Quedas, até se alojarem nas costas do rio Uruguai (atual província argentina de Misiones).

Quando os inacianos e índios ali aportaram, outros religiosos já haviam plantado o ideário da Companhia de Jesus na zona litorânea dos rios Paraná, Paraguai, margem esquerda do Uruguai e afluentes, num raio de aproximadamente 600 quilômetros.

Mas antes que o projeto "sociorreligioso" dos jesuítas, nas palavras de Regina Gadelha, se materializasse em espaço próprio, até meados do século XVII ele sofreu novas estocadas bandeirantes, tanto ao Sul, no território do Tape (atual RS) como a Noroeste, no Itatim, fronteira pantaneira entre o Paraguai e o hoje estado do Mato Grosso do Sul. As missões jesuítas tiveram que refluir para o caudal dos rios Uruguai e Paraná. Ironicamente, devolvendo aos indomáveis índios Guaicurus, do Itatim, seu chão devassado. Bandeiras e missionários, para o indomável Guaicuru, eram a mesma entidade corruptora.

A partir da segunda metade de 1600, ao longo de mais de um século, com meio milhão de índios e algumas dezenas de religiosos, floresceram trinta e tantas "reduções" sobre os então indistintos limites entre Brasil, Argentina, Paraguai e Uruguai. Ali acabou vingando uma sociedade teocrático-colonial sem equivalência em todas as relações conquistador-índio, desde a descoberta da América.

O iniludível progresso das missões à custa de uma autoritária estrutura social interna, de uma vigorosa produção de erva-mate e forte pecuária, ambas rivalizando em preços e qualidade com os demais fornecedores e exportadores do Prata, além, é claro, do seu ameaçador poderio militar, despertou a cobiça de Espanha, que se considerava lesada em seus interesses econômicos e na sua hegemonia colonialista. Aliado a isso, corriam rumores de que os jesuítas armazenavam gigantescas fortunas em ouro, prata e pedrarias dentro das suas igrejas, que eram realmente as mais faraonicamente enfeitadas do Continente.

Século XVIII. Formalmente serenadas as lutas entre Portugal e Espanha, na Europa, as Coroas resolveram acertar as diferenças de fronteiras nos seus impérios ultramarinos, disso aproveitando-se os espanhóis para desferir golpe de misericórdia em cima dos recônditos projetos autonomistas das "reduções". Assim, sem a consulta aos jesuítas, e muito menos aos Guaranis cristianizados, foi acordado um tratado (Tratado de Madri, 1750) pelo qual Portugal entregava à Espanha a Colônia de Sacramento (hoje Uruguai) e recebia em troca o território dos Sete Povos das Missões (atual Noroeste do Rio Grande do Sul), cujos índios deviam ser trasladados, sem outra qualquer, para o lado espanhol, portanto, para a outra margem do rio Uruguai.

As conveniências reais pairavam acima da realidade social e histórica. Contra a vontade dos jesuítas, que preferiram conciliar e calar, muitos índios se rebelaram, gritando que não abandonariam a terra de seus mortos. A maioria, no entanto, sem armas ideológicas e tecnológicas para responder à violência que se desencadeava, optou pela renúncia, pelo silêncio e pelo conformismo. Exércitos espanhóis e portugueses - os mais modernos de então - deixaram de lado ódios seculares e, a tiros de canhão, cravaram a convicção etnocida dos brancos no território "guaranítico-castelhano", ao sacrifício de milhares de vidas.

Em poucas semanas esboroava o sonho de um "império" que já estendera suas raízes ao Norte do Brasil e que, desde os primórdios, sem respeito algum pelo mundo social e mítico dos Guaranis, destribalizara dezenas de parcialidades indígenas, fracassando no seu intento (romântico, nos primeiros religiosos) de criar uma alternativa dentro da sociedade colonial americana. Prevaleceu o totalitarismo da instituição, irmão gêmeo do Estado imperial.

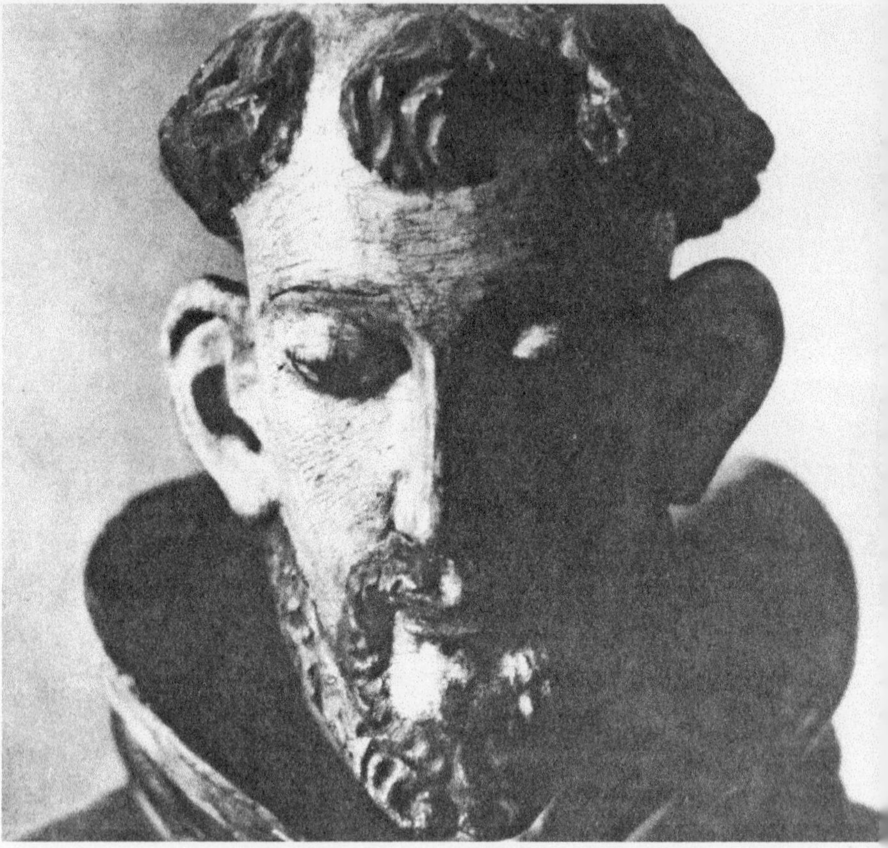

Quem pode duvidar que a pólvora contra os infiéis é como o incenso para o Senhor? (Fernandez de Oviedo y Valdés).

O SENTIMENTO DO FILME

» Nenhuma das milhares de mãos decepadas pelos espanhóis durante a Conquista voltou a reencontrar seus membros, sangrados. A indignação de frei Bartolomé de las Casas, ex-escravocrata, tinha lá suas razões: para que mutilar o que poderia ser usado para plantar, colher, cerzir, lavar, rezar, copular, minerar ouro e prata e, ao mesmo tempo, enriquecer o rebanho de Deus? A crônica do vencedor acabou absolvendo las Casas, mas não ressuscitou nenhum indígena.

» Sobre movimentos suspeitos, o japonês imigrante, pioneiro do Norte do Paraná, não teve dúvidas. A carga de chumbo produziu um triplo efeito: matou o primeiro índio a ver um branco "amarelo", desequilibrou a ecologia da área, que hoje é um irrecuperável poço de erosão, e limpou o terreno para a alegre edificação de uma centena de cidades, cuja única herança é a terra roxa presa ao colarinho e o cadáver do índio apodrecendo na consciência.

» A viagem dos símbolos: o que tem a ver uma escola de samba, com brancos e negros pobres vestidos feito a nobreza escravocrata, com os exércitos Guaranis, paramentados à moda castelhana (dos caciques à animália) desfilando dentro das "reduções" jesuíticas do Rio da Prata, em pleno século XVIII?

» Quem colou Marilyn Monroe sobre Humphrey Bogart, e depois grudou "Che" sobre ambos, hoje ninguém substitui seu amor pelo índio technicolor do Xingu ou pela índia desdentada com o filho piolhento nos braços, nariz escorrendo. Desconfie de todos aqueles que entronizam a efígie do indígena em forma de oratório para o "último puro" da Terra. Há tempos que a morte já ronda o espetáculo, e os pôsteres só fazem antecipar a galeria dos indigentes, por confundirem horror com romantismo.

» Toneladas de hóstias e milhões de litros de vinho foram insuficientes para salvar o corpo e a alma do índio das Américas. Mas serviram para provar a universalidade da magia: a antropofagia ritual dos indígenas nada mais era do que um feérico (e sem remorsos) sucedâneo da missa cristã, soturna e cheia de culpa. E por que se proibiu aquela em favor desta?

» Quantas e quantas tardes-noitinhas, num galpão da ex-"redução" jesuítica de São Borja, o menino Getúlio ficou extasiado ouvindo, entre chimarrão e pitos, causos recontando a epopeia dos "Sete Povos das Missões". Por exemplo, ficou sabendo que, através dos caciques Guaranis, transformados numa macaqueada realeza espanhola, os jesuítas exerceram - durante 150 anos - um hábil controle sobre milhares de índios. A cerimônia diária dos caciques beijando a mão do jesuíta-mor não teria sido fonte inspiradora para o futuro ditador Vargas?

» Os atuais parques nacionais e reservas indígenas (do tipo Xingu e outros por serem criados) representam uma inequívoca tentativa de recuperação das missões religiosas coloniais. Daí a tácita aprovação da Igreja sobre a necessidade de sua formação e manutenção. São, na verdade, "reduções" jesuíticas sem jesuítas. Duas barganhas Estado-Igreja, reunidas três séculos depois, com o mesmo espírito etnocêntrico.

» Somente trinta anos após ter publicado (na França) seu controvertido estudo sobre as missões jesuíticas do Paraguai, "A República 'Comunista' Crista dos Guaranis", é que seu autor, o abade suíço Clovis Lugon, veio a conhecer a América. Admirou e tocou religiosamente as sobrevivências arquitetônicas, os cristos e santos da "redução" brasileira de São Miguel e as de San Inacio Mini, em Misiones, na Argentina. No seu inusitado périplo de 1979, Lugon também se defrontou com paupérrimos índios Guaranis vendendo cestaria à beira das estradas do Noroeste gaúcho e à sombra da monumental carcaça da igreja missioneira. E não se faz nada para protegê-los, quem sabe, salvá-los dessa miséria, já que são os herdeiros emudecidos de uma grande saga da História americana, perguntava, sem compreender para as negativas. Um mês depois mandou algumas centenas de francos suíços para que fossem entregues aqueles Guaranis deserdados. E nômades. E entregues ao deus-dará.

» A "Terra Sem Mal" é o paraíso terrestre do Guarani (para ele, profano e sagrado não se opõem). Lá o solo é úbere o tempo todo, velho e jovem perdem suas diferenças etárias; o poder inexiste, todos são irmãos a os deuses se confraternizam; lá se chega sem morrer, com o corpo e a alma. A "Terra Sem Mal" é mais forte que o Verbo Divino e o Capitalismo, a cachaça e a prostituição, as epidemias, a gonorreia e a morte. E o imperialismo do Leste e do Oeste.

» A caça ao tesouro: antropólogos de um lado, padres e pastores de outro, cada um arquivando ciumento um universo intransferível e particular do indígena para praticar sua autópsia pessoal. Todos a dançar sobre almas penadas.

» No média-metragem sobre Raposo Tavares "Bandeirantes" (1940), com pequena sequência aproveitada em ***República Guarani***[x], Humberto Mauro, inconscientemente, prestou a melhor homenagem ao cinema que tanto amava e procurava imitar. Substituindo a pradaria do Oeste americano por fazendola do estado do Rio e das Minas Gerais e lá confrontando bandeirantes mais parecidos aos Três Mosqueteiros, e índios-figurantes de peruca, tipo "pão--com-mortadela", o genial Mauro deve ter pensado como seu confrade John Ford: o branco é bonito.

» Quantas ossadas de índios serviram de dormentes para esticar pinhalão adentro, nos idos de 1910, em Canoinhas (SC), a estrada de ferro privativa da Southern Brazil Lumber Company, a maior serraria da América do Sul e pivô da Campanha do Contestado (1912-1916)? Graças à Lumber, todo o Sul do Paraná e Centro-Oeste catarinense viraram um deserto de homens e de pinheiros. O índio que não morreu assistiu à voragem capitalista no seu estado mais límpido. Os extremos se tocam por vias tortuosas.

» Utopia é invenção da má consciência do Ocidente. No rastrear do primeiro índio a serviço do espanhol e do português ficou a lição exemplar do etnocídio "cordial" do primeiro, e "abençoadamente" sangrento deste, e a balela do marinheiro numa catedral de Antuérpia virou filosofia. Enquanto isso, a recuperação da quimera integracionista das "reduções" do Paraguai é levada a cabo pelo Estado brasileiro atual.

» No olhar esgazeado da estatuária das missões, a prova da desforra do indígena: na talha de madeira, o Guarani matava na origem a idealização europeia que se fazia sobre sua enaltecida facilidade de imitar. O Cristo espanhol e sua cópia jamais se revezaram nos altares, apesar dos elogios paternais do jesuíta-mor. Prevalecia o autêntico.

» A América do Sul abriga dois universos históricos originais, um inteiramente desvendado, o outro exigindo que o revelem. Dos Incas sabe-se da sua vida anterior à chegada dos espanhóis, até a permanência sangrenta de Pizarro e a destruição do império, cinquenta anos depois: da arte e da política, tudo foi esquadrinhado. Mas, das "reduções" jesuíticas do Paraguai, um véu de mentiras e descaminhos cobre uma invasão mais sofisticada e não menos arrasadora: a evangelização do gentio. Boa parcela da infância e da adolescência do Cone Sul ainda é um segredo de baú, um baú sintomaticamente aninhado nos porões do Vaticano, indevassado.

» Da iconografia que narra a triunfante ocupação dos "espaços vazios" do Extremo Sul do Brasil (estados do Paraná,

Santa Catarina e Rio Grande do Sul), conforme autorizava édito imperial de Pedro II, falta um flagrante: o exato momento em que o primeiro imigrante alemão (ou italiano, polaco, etc.) abatia a tiros o mais antigo "intruso" destes brasis, o bugre assustado.

» O mais importante filme brasileiro continua inédito entre nós. Denunciam-se os "brazilianistas" das Ciências Sociais, da História, mas a cada dia, nas últimas décadas, velocíssimos fotogramas arquivaram no exterior a inexcedível concretude física, a fala e os gestos, a prática mítica dos nossos índios. Muitas imagens já viraram "memória", medalhão de mausoléu. A rapina cinematográfica é tão implacável e tamanha quanto o gradativo desaparecimento de seu protagonista preferido. Um trágico museu de índios embalsamados em celuloide, uma cinemateca de mortos-vivos.

» Parcialmente incendiada pelos próprios Guaranis, quando derrotados pelos exércitos espanhol e português na chamada "Guerra Guaranítica" (1756), a igreja de S. Miguel, no território dos "Sete Povos das Missões" (RS), foi sendo desmontada pedra por pedra pelos caboclos, seus vizinhos, que nela nada mais viam do que um outrora faustoso rescaldo. Em 1938, houve uma primeira reconstrução (os números nas pedras denotam a "remontagem"); em 1980, a iminência de uma queda irremediável. Duas ignorâncias na mesma geração: a amnésia do povo e o utilitarismo do poder (em 1978, um suntuoso e inútil espetáculo de "Luz e Som" (...) na igreja de S. Miguel enxertou as ruínas de fios, tijolos de concreto e holofotes, e ainda as cercou de uma trincheira para enterrar todos os cabos da iluminação e equipamento de som). Aos Guaranis da região restam a fome e a anestesia histórica.

» A historiografia jesuíta sobre suas "reduções" foi tão intensa e avassaladora que velhos inimigos da Companhia de Jesus, anticlericais ferrenhos ou socialistas ateus, curvaram-se diante do seu tom de convencimento. A lista de adesões vai de Voltaire, passa por Hegel, Paul Lafargue e Gramsci, até fixar-se, no Brasil, em Oswald de Andrade, Lucio Costa, Érico Verissimo e Franklin de Oliveira. O canto da arenga totalitária até os mais prevenidos: uma dialética implacável.

» Quando o antropólogo e cineasta tcheco Vladimir Kozák assestou sua câmara cinematográfica sobre os índios Xetás, na Serra dos Dourados, no Norte do Paraná, em 1956, não imaginava que aquele mergulho na Idade da Pedra fosse sobreviver aos seus personagens. Vinte e cinco anos depois, 10 mil metros de película colorida armazenam indígenas que, desde a Conquista, fugiam ao contato com o branco: hoje se resumem a duas ou três pessoas, uma mulher (estéril). O filme de Kozák - uma sinistra advertência - é o contraponto do passado/presente em ***República Guarani***[x].

» Em algumas igrejas, umas missioneiras, outras não, do Paraguai (Santiago, Santa Maria, Cosme e Damião, etc.), santos Guaranis empilham-se lado a lado, juncados, como se fossem corpos atirados numa vala comum. Uma terrível estética a rememorar almas e esqueletos indígenas insepultos nas várzeas paraguaio-gaúchas e nas costas do rio Uruguai. Nem a madeira carcomida dos santos de pau oco foi suficiente para disfarçar tanta crueldade e tanto Verbo falacioso e conspiratório. A morte, no entanto, acusa feito um labéu a violência dos carrascos, de farda e batina.

» Do inconsciente coletivo. Herdamos das "bandeiras paulistas" a ideia triunfalista de que já não mais existem índios no Extremo Sul do Brasil. Os últimos levantes guerreiros no interior do Paraná, Santa Catarina e Rio Grande do Sul provam que o êxito dos mamelucos, tão enaltecido nos livros escolares, é uma grossa empulhação. O índio se vinga da História oficial, que elegeu Raposo Tavares como seu herói, e os milhares de indígenas apresados ou assassinados como o ônus da nacionalidade: o índio se vinga, sobrevivendo.

» De uma visita às ruínas de São Miguel (RS): sobre pedras centenárias, desenhos de corações acoplados, suásticas, punhais, bandeiras, flores, nomes cravados, figuras anódinas, datas, o personagem garatuja frases com veleidades eternizantes, pega, se encosta, raspa, chuta, arranha, quebra, golpeia, ejacula, verga, massageia, cospe, mija, caga, chega a derramar gotas de seu sangue como a forçar uma intimidade com a memória e o derradeiro suspiro arquitetônico de um passado indizível. É um ato de gozo misturado com angústia, repugnância e estultice. A mitologia inalcançável. O turista é uma ave predatória.

» Quem sai aos seus não degenera. Está escrito. Quantos antropólogos, na ânsia caolha de defender os índios, aliam-se ao discurso religioso, acreditando que a Igreja se alinha por abnegação? Evangelizar é um ato de premeditada violência. Como matar em vida.

» Rio Uruguai: uma corrente lamacenta, indômita às vezes, a grande "freeway" entre as missões jesuíticas, Assunção e os entrepostos de Santa Fé, Cordoba e Buenos Aires. Séculos XVII e XVIII: por ali circulavam a erva-mate, os cavalos e os bois, o pano para a roupa, os utensílios da lavoura e da casa, a estatuária Guarani e a carne humana. As Águas do Uruguai navegaram um extenso tráfico de negros, cuja venda e revenda era uma das principais fontes de divisas dos colégios da Companhia de Jesus no Rio da Prata. Naquele tempo, preto "ainda" não tinha alma.

» Que relação pode ser estabelecida entre as milhares de índias engravidadas pelos bandeirantes e abandonadas ao deus-dará nas encruzilhadas do sertão, com o desprezo que a sociedade brasileira afluente devota ao indígena?

» Em que se assemelham os jesuítas das "reduções" do Paraguai, homogeneizando índios de diferentes parcialidades, com os senhores de engenho, que reuniam indiscriminadamente negros de várias nações africanas, e os campos de concentração nazistas, onde judeus de origem social e nacionalidades diversas, e convicções políticas frequentemente conflitantes, eram marcados feito gado, para perderem sua individualidade? Por aí se vê que o sonho fascista de quebrar a identidade étnica do oprimido não é tão novo assim.

» *República Guarani*[x]: enquadramento harmonioso do indígena, uma sociedade "comunista-cristã", elo perdido do socialismo dos trópicos, único projeto pedagógico da

Igreja bem-sucedido entre povos primitivos, uma sociedade alternativa dentro do mundo colonial escravocrata? Ou um "império" teocrático, uma subjugação feroz do índio, sem precedentes durante a Conquista e colonização das Américas, com indígenas transformados em vassalos do rei de Espanha e trabalhadores braçais? Ou, ainda, uma destribalização cujos efeitos explicariam todo o drama e a miséria do índio moderno?

» A Companhia de Jesus foi a primeira multinacional ideológica do mundo. Transmitindo o Evangelho, com um Cristo inimaginável para africanos, asiáticos e índios americanos, sobrepondo-se impunemente ao universo mítico de cada povo, nação, tribo, os jesuítas inauguraram o imperialismo espiritual dos tempos modernos. Só vieram a perder essa hegemonia em fins do século XVIII. Os jesuítas eram o cinema americano do mundo colonial.

» Toda a música missioneira corrente, quando se detém nas reminiscências das "reduções", não esconde uma irremediável saudade por uma convivência idílica que teria existido entre jesuítas e índios, à sombra de catedrais suntuosas em cujo adro o perdão era o pão nosso das almas "culpadas" do gentio. Todas as letras, certamente, não passam de releituras inocentes, uma inerme diluição da historiografia jesuítica, e só alçam voo quando o poeta vai no encalço de velhas lendas Guaranis. O gemido do indígena culturalmente desnudado ainda ecoa nos pampas pela voz "criolla" do guitarreiro Noel Guarany: "Com licença, meus senhores,/Cantando sou perigoso/Porque a verdade me agrada".

ELENCO DE PERGUNTAS

1 — Como se deu o primeiro contato entre espanhóis e Guaranis, nos primórdios da conquista do Paraguai?

2 — Que fatores determinantes do momento em que viviam os Guaranis permitiram seu pacifismo inicial na relação com o colonizador? E por que e quando essa relação amigável se rompeu?

3 — A "encomenda", quando introduzida na colônia espanhola, já era um procedimento de "vassalagem" em decadência na Europa. Como ela foi adaptada à nova terra e à nova mão-de-obra? Quando a "encomenda" acabou obsoleta na América colonial e por quê?

4 — Apesar de milhares de índios submetidos ao jugo espanhol, a resistência Guarani se processou com lutas e revoltas intensas durante mais de um século, quando então a sua potência praticamente se esgotou (1660). Quais eram as principais características dessas revoltas?

5 — Como o conquistador-colonizador encontrou a organização produtiva dos Guaranis? E o que fez para alterá-la a fim de obter uma exploração racional da mão de obra indígena? E que papel desempenharam as missões religiosas nesse trabalho (as jesuíticas e outras)?

6 — Qual o obstáculo mais forte enfrentado pela Companhia de Jesus na implantação de suas "reduções" (ou "pueblos", "povos" ou "doctrinas") na Província do Paraguai

(que abrangia o Brasil Meridional, a Argentina banhada pelo Rio da Prata e todo o Paraguai atual)?

7 — O que significou para os colonizadores a criação dessas "reduções" e que critérios ideológicos determinavam a sua distribuição espacial?

8 — Nos primeiros contatos entre brancos e índios Guaranis na região de Assunção houve uma espécie de aliança de parentesco (cultuada pela História oficial como símbolo), isto é, o chamado "cuñadazgo" (cunhadio). Por outro lado, sabe-se que com o tempo essa quebra das relações familiares acabou por destruir e debilitar a estrutura tribal das diversas parcialidades indígenas. Comente, especialmente, o papel da mulher índia, serva e objeto sexual, nesta hora histórica.

9 — O que representava a religião para os grupos Guaranis?

10 — Quais as transformações e adequações que sofre o messianismo Guarani com a introdução de ideias do cristianismo, também uma religião de cunho messiânico?

11 — Em que medida o Guarani aceitou o "cristianismo como uma nova modalidade de sua relação com tudo que considerava fora do domínio humano", na definição da antropóloga paraguaia Branislava Sušnik?

12 — Em que consistia o dia a dia da evangelização entre os indígenas? Como era possível transmitir o Evangelho de um Cristo absolutamente inimaginável para populações tão heterogêneas, cuja identidade mítica não separa o profano do religioso?

13 — Dentro das "reduções", qual o sentido da "exaltação religiosa" junto às comunidades Guaranis? Defina a expressão "dominador ideológico" (Juan Carlos Garavaglia)

quando a ela se refere no seu estudo sobre as missões jesuíticas do Paraguai.

14 — Os índios Guaranis, à época da Conquista, eram povos seminômades que produziam o essencial à sua sobrevivência, tinham liberdade de escolher seus chefes e regular-lhes o poder, praticavam a poligamia e a religião era uma extensão das próprias atividades diárias. As "reduções" iriam interditar tudo isto, e acrescentar a noção do pecado e da autoridade. Que técnicas pedagógicas foram utilizadas pelos inacianos para neutralizar o ecossistema e a atividade mágica dos índios, substituindo-os pela religião católica?

15 — Quem eram os bandeirantes? O que pretendiam com suas "razzias" sistemáticas contra as missões jesuíticas no Guayrá (atual Estado do Paraná), na serra dos Tapes (atual Rio Grande do Sul) e no Itatim (hoje, Mato Grosso do Sul), exatamente na primeira metade do século XVII?

16 — Escravocratas espanhóis (os "encomenderos") de um lado, bandeirantes de outro, além da possibilidade de escapar à sanha deles, o que levou milhares de Guaranis (e índios de outras parcialidades) a optar por viverem "reduzidos"? Que técnicas de persuasão eram empregadas pelos jesuítas para a catequese, tanto dentro como fora das "reduções"?

17 — Qual o significado mais amplo, do ponto de vista político e econômico-social, da prática missioneira entre os indígenas? De que modo ela se inseria dentro do expansionismo luso-espanhol no Cone Sul colonial?

18 — Os autores se conflitam quanto aos objetivos das "bandeiras paulistas". Na sua opinião, o que objetivavam realmente os bandeirantes: aprisionar índios para o trabalho

escravo em Piratininga e no Nordeste; abrir o caminho para as minas de ouro e prata de Potosí; ou simplesmente ampliar a imaginária linha divisória de Tordesilhas, aproveitando-se do fato de que nas primeiras décadas do século XVII Portugal e Espanha reinavam sob a mesma Coroa?

19 — Muitas barbáries cometidas contra os índios, atribuídas aos bandeirantes, teriam sido forjadas pelos jesuítas, conforme historiadores especializados em "bandeiras" como Myrian Ellis, Alfredo Ellis Jr., Taunay etc. Há algum fundo de verdade nisso? Como se comportavam os "paulistas" quando em contato com o gentio?

20 — Que interesses moviam os jesuítas espanhóis no seu avanço em direção ao Atlântico, primeiro em Guayrá e depois na Capitania d'EI Rei (denominação original do futuro estado do Rio Grande do Sul)? Poder-se-ia falar em expansionismo castelhano como se falaria, mais tarde, em expansionismo português em relação à Colônia de Sacramento (atual Uruguai)?

21 — O que era, afinal, uma "redução" jesuítica, como projeto religioso, socioeconômico e político-ideológico?

22 — Eram as "reduções" do Rio da Prata uma alternativa dentro do mundo colonial - a tentativa de sobrepor-se a ele através do isolamento, da administração própria, da isenção do indígena à "encomienda" - ou apenas uma nova dimensão do mesmo colonialismo escravocrata?

23 — Fale-nos (professor Ruy Ruben Ruschel) da articulação institucional e jurídico-administrativa das "reduções" jesuíticas com a Coroa espanhola.

24 — Qual era a organização decisória interna das missões e qual a sua estrutura burocrática abrangente?

25 — Que medidas práticas e ideológicas foram adotadas pelos inacianos para a transformação da família Guarani?
26 — Como se processou a chamada "ritualização da vida" (nas palavras de Ramon Gutierrez), promovida pelos jesuítas entre os Guaranis?
27 — Na atividade "reducional" a Companhia de Jesus reuniu indiscriminadamente as mais diferentes parcialidades indígenas, muitas vezes até subdividindo-as. Como era realizado esse contato étnico forçado e com que finalidade este método se tornou rotineiro?
28 — O sucesso da conquista jesuíta sobre os Guaranis teria paralelo com o ocorrido no caso do espanhol sobre o Inca, onde aquele, atuando na superestrutura política indígena, apenas substituiu os hábitos de trabalho e obediência, e assim conseguiu dominar todo o corpo social?
29 — Teriam tido as "reduções" do Paraguai alguma nostalgia em relação ao império Inca, enquanto criação de uma nobreza entre o gentio, modo de produção, disciplina interna, indumentária, arquitetura em pedra?
30 — Que modelos de sociedades utópicas (como as de Platão, Campanella, etc.) teriam inspirado a organização social e ideológica das "reduções" jesuíticas?
31 — O projeto da Companhia de Jesus aplicado nas missões visava à mera conversão de diferentes nações indígenas a uma religião ou era uma estratégia política global, com tudo que ela implica?
32 — Em fins do século XVII - consta na documentação - os índios haviam trocado a "dissolução de costumes" (embriaguez, ócio e poligamia (...) pelo trinômio "mate,

trabalho e sacramento" (...)". Quais as consequências dessa metamorfose, tanto para os índios como para os objetivos catequéticos dos jesuítas? (Foi preciso "matar" o índio pré-colombiano, levando-lhe uma "verdade contra o erro e a superstição" (...) "uma virtude contra o pecado e o vício" (...), para criar o índio colonial?)

33 — O canto entre os Guaranis, por seu impacto emocional, está indissoluvelmente ligado à outra expressão, a dança, esta na maioria das vezes de caráter profundamente religioso. Quais as formas que o canto, a música e a dança indígenas assumiram quando sob a égide dos inacianos? Como ocorreu a negação do seu caráter anterior, digamos, "pagão": de maneira pacífica, houve tentativas de adaptação, ou simplesmente foi impositiva?

34 — Da mesma forma, como diz a historiadora paraguaia Josefina Plá, "sendo a arte de todo o período colonial de caráter religioso, e toda a religiosidade entre os Guaranis expressa na palavra e nos movimentos da dança, e nunca através de representações plásticas, como a estatuária e publicações", como se processou essa imposição tão brutal?

35 — No Concílio de Lima, de 1583, foi aprovada a tradução do catecismo e a utilização das línguas indígenas para fins catequéticos (especialmente o "quíchua" e o "aimará", depois, o "guarani"), em detrimento da chamada "língua nobre", o latim - "língua de Deus". Qual o significado dessa atitude, concreta e historicamente para a ideologia jesuítica: ela se modificava e se adaptava? E para as populações tribais: conseguia-se "assumir a estrutura da língua guarani no seu paradigma ritual de inspiração religiosa" (segundo o

antropólogo espanhol Bartomeu Melià, S. J.)? Ou dominar a língua é dominar a estrutura ideológica do índio?*

36 — Existem afirmativas que procuram demonstrar que os jesuítas, com suas "reduções", por assim dizer "respeitaram" (...) determinadas formações sociopolíticas e econômicas dos Guaranis, não afetando a sociedade indígena de uma forma violenta. Se para os Guaranis existe uma "relação dialética entre religião e política" (Melià), e o "sistema de parentesco e sistema religioso são os sistemas sociais fundamentais e se completam" (Maria Isaura Pereira de Queiroz), e ambos foram os primeiros a ser atingidos e subjugados, como demonstrar esse "respeito"?*

37 — O trabalho jesuíta de evangelização foi uma busca de compatibilização entre as exigências do sistema colonial espanhol e uma forma de exploração mais adequada à realidade comunitária tribal?

38 — No processo de destribalização a que foram submetidos os Guaranis dentro das "reduções", uma das principais atuações se dava em cima do corpo do índio. Quer dizer, havia o propósito de deserotizá-lo completamente, a fim de quebrar a ligação de sua vida sexual com a vida na natureza, com a vida em comum. Como se dava esta repressão no cotidiano?

39 — Como era - do ponto de vista arquitetônico e urbanístico - uma "redução" jesuítica no Rio da Prata durante o século XVII e até meados do século XVIII? O que havia de uniforme entre elas?

* Perguntas formuladas por Antonio Carlos Moraes.

40 — Qual a relação existente entre a estrutura arquitetônico-urbanística e a organização social das missões e de que maneira ambas se articulavam?
41 — A estandardização na construção das casas, igrejas, na roupa, nas atividades religiosas, na distribuição de comida e tarefas foi premeditada ou foi surgindo diante das circunstâncias?
42 — O mito da incapacidade dos Guaranis, mito este que se baseia na crença de uma eterna infância do indígena, ou de que os índios possuem alma, mas não razão (...), explicaria por si só que o poder dentro das "reduções" sempre foi um simulacro de democracia (o Cabildo, por exemplo, era um "poder" outorgado, como aos padres cabia invariavelmente a palavra final em qualquer decisão)?
43 — Até que ponto uma "educação reorientadora, e atenção totalitária sobre a juventude guarani" (segundo Branislava Sušnik) eram importantes para o controle que os jesuítas exerciam sobre o gentio "reduzido"? O que representava, em última instância?
44 — No seu livro, "La vie quotidienne au Paraguay sous les jésuites", Maxime Haubert utiliza a palavra "desprezo" com certa frequência quando se refere à forma como o jesuíta tratava o índio "cristianizado". Por que os padres encaravam assim os Guaranis, se os tinham à conta de "bons selvagens", "bons cristãos", "crianças grandes", etc.?
45 — No México e no Peru os conquistadores respiraram o mesmo clima ideológico da Europa: o da hierarquia. Os Guaranis do Prata desconheciam o poder, a coerção de cima para baixo. O que representava para os índios das

missões a férrea hierarquia introduzida pelos padres em todas as atividades cotidianas e mágicas?

46 — O senhor afirma que a "democracia guarani" (...) era "mais real do que as nossas democracias burguesas" (Clovis Lugon). Mas como se explica a existência de um cacicato privilegiado dentro das "reduções", a prática do castigo por açoites e o funcionamento de um Cabildo apenas nominal, já que seus integrantes dependiam da aprovação do cura-mor?

47 — É válido afirmar que os caciques constituíam uma aristocracia, a partir das funções especiais a eles atribuídas pelos jesuítas dentro das "reduções"?

48 — Que papel exerceram os caciques para a ordem interna dos "pueblos" jesuíticos? Transformaram-se em agentes dos inacianos em troca de privilégios, ou era apenas uma extensão do seu papel junto à comunidade indígena antes de "reduzida"?

49 — Na opinião de muitos religiosos e leigos as missões da Província do Paraguai teriam sido "uma forma harmoniosa de enquadramento do índio". Porém, não faltam cronistas asseverando ter sido "a Igreja o principal agente de desintegração do indígena na América, especialmente, no Rio da Prata". Nestes extremos, como identificar a verdade?

50 — De que modo a mentalidade de integrar o índio na "sociedade colonial 'criolla'" permanece idêntica à atual, de integrá-lo nas "sociedades nacional, ocidental e civilizadora"?

51 — Pelo fato de as missões jesuíticas, no século XVIII, menos de cem anos após sua criação, terem assumido um caráter de "verdadeira economia nacional" (Orestes Popescu, em "El sistema económico en las misiones jesuíticas"), pode-se

falar numa ideia preconcebida dos inacianos em organizar um "império" de dimensões continentais ou um Estado teocrático independente dentro da América hispânica?

52 — Dentro do sistema produtivo das "reduções" havia uma rígida planificação, que abrangia desde uma divisão do trabalho indígena até normas para o intercâmbio com outras missões e o mundo colonial (Procuradorias de Santa Fé e Buenos Aires). De que forma o excedente de produção resultante revertia para as "reduções" e qual era o controle que os próprios índios exerciam sobre ele?

53 — Alguns autores, baseados na historiografia jesuítica, concluem que não havia apropriação do excedente. À luz de suas pesquisas (prof. Juan Carlos Garavaglia) havia de fato essa apropriação? E como ela se dava, se "todos trabalhavam para todos e a produção era repartida entre os habitantes de um 'pueblo'"?

54 — Como era o sistema de produção dentro das missões? É verdade que os jesuítas introduziram a noção do lucro e da propriedade privada entre o gentio, apesar da fama socializante que elas legaram ao futuro?

55 — Se havia excedente de erva-mate, trigo, couro, algodão, carne e mesmo estatuária, para onde era canalizado e para que fins era destinado o produto das vendas?

56 — Consta que as imagens de cristos, santos, anjos, mais sofisticadas, de traços melhores e delicados, são de origem europeia (especialmente da Itália, Alemanha e Espanha). Como distinguir a estatuária das missões daquela importada da Europa e que teria servido de modelo para os artífices indígenas? O que as caracterizava?

57 — Os autores divergem, por não possuírem números da época, sobre a quantidade de imagens feitas nas "reduções" do Prata. Há quem fale em mais de duas mil; fala-se, também, que não restam mais que trezentas. Qual a sua versão sobre um total aproximado de imagens produzidas e o que sobreviveu?
58 — Com os frutos das transações comerciais, os jesuítas adquiriam ornamentos para as suas igrejas. Não será válido, também, deduzir que sempre houve uma compra maciça de estatuária europeia?
59 — A erva-mate chegou a ser unidade de troca no Paraguai colonial. E qual era a importância da "yerba" para a economia dos "povos" jesuíticos?
60 — O conjunto das "reduções" constituía um projeto (econômico e político) autônomo ou, segundo Pablo Hernandez, o chamado "Estado jesuítico" estava "baseado, em realidade, sobre a legislação espanhola e as decisões das autoridades espanholas"?
61 — Ao longo dos anos difundiu-se a versão de que existiria dentro das "reduções" uma espécie de comunismo primitivo, que até os inimigos declarados da Companhia de Jesus chegaram a admitir, euforicamente. Esse mito resiste à moderna interpretação que se faz das "reduções" do Paraguai?
62 — Conforme Paul Lafargue (citado por Lugon), os Guaranis de cada "redução" tornaram-se escravos submissos à dominação despótica de dois curas, e o "comunismo" (...) das missões "só era mantido pelos jesuítas como um meio de explorar mais facilmente, em proveito próprio, todos os recursos da região". Essa afirmativa tem fundamento?

63 — Como se dava no cotidiano o chamado “comunismo” das “reduções” a nível de utilização da terra, do produto do trabalho, da distribuição de alimentos e roupas, e especialmente, quanto ao exercício do poder?

64 — Na expressão do historiador Muratori (também citado por C. Lugon), existia na “República Guarani” (...) uma “liberdade bem regulada”. O que ele quis dizer com isso? A assertiva não contradiz os que defendem para as “reduções” a existência de uma virtual “democracia”?

65 — O historiador Félix de Azara detectou que os índios “não se ocupam do passado nem do futuro”, que eram imprevidentes por natureza. Como os padres enfrentaram essa “realidade indígena”?

66 — Afirma o padre jesuíta José Cardiel (em “Declaración de la Verdad”) que somente com castigos e violências era possível “urbanizar os índios” à moda europeia, pois sua “vontade era volúvel como o vento”, e que “possuíam uma capacidade idêntica à de uma criança”. Que prejuízos advieram dessa concepção tanto para os índios como para o desenvolvimento das missões?

67 — Por sua vez, o historiador Juan Carlos Garavaglia insiste na observação quanto ao uso da violência e do castigo corporal pelos jesuítas em cima dos Guaranis. Como se explica isso se inúmeros autores elegeram as missões como o “único enquadramento harmonioso do indígena dentro do mundo colonial hispano-americano”?

68 — Em que época ocorreu o ápice demográfico-social das missões guaranizadas do Prata?

69 — Segundo o historiador Magnus Mörner (em "Actividades políticas y económicas de los jesuítas en el Rio de la Plata"), não houve relação direta entre o crescimento das "reduções" e a rápida diminuição da população indígena nas províncias do Prata. Então, o que motivou a queda demográfica?

70 — Que fatores internos, além de epidemias trazidas pelos brancos (e jesuítas) como a varíola, o sarampo, etc., e êxodos em massa, contribuíram para a decadência ou estabilização das missões? E que fatores externos (como pressões das Coroas espanhola e portuguesa, a luta contra os "Comuneros", a "guerra guaranítica", mudanças sociais e políticas na Europa - "iluminismo", declínio do absolutismo, ascensão do capitalismo etc.)?

71 — Pode-se considerar a fonte jesuítica como idônea quando se pesquisa a demografia das "reduções"? Porque se sabe que as "Cartas Anuas" (relatórios dos jesuítas sobre os "povos") eram falaciosas, pois tinham a finalidade de despistar a concupiscência colonial para diminuir a cobrança dos tributos e exagerar as proporções para agradar os superiores regionais e os de Roma.

72 — Até que ponto a emigração indígena pesou na composição demográfica das "reduções" (as fugas eram incessantes e os jesuítas, a partir do século XVIII, praticamente deixaram de fundar novas "reduções")?

73 — Há cronistas que afiançam que a destribalização dos Guaranis ocasionou uma brutal queda na sua reprodução. Não seria esse o principal (e um dos mais marcantes) motivo das oscilações demográficas das "reduções"?

74 — Grande parte dos índios, quando escapava das "reduções", logo em seguida retornava a seu modo de viver anterior. Na questão dos movimentos migratórios, o historiador Ernesto J. Maeder identifica uma vantagem em favor da emigração. Quer dizer, o número de fugas foi sempre maior que a entrada de índios catequizados para as missões?

75 — Como foi possível, então, manter - durante 150 anos - apesar das fugas, epidemias e guerras, um total domínio de poucos jesuítas sobre milhares de Guaranis, em quase 40 "reduções" espalhadas num raio de aproximadamente 600 quilômetros quadrados (tendo o rio Uruguai como uma espécie de coluna vertebral)?

76 — Qual a grande contradição entre os "Comuneros" e a Companhia de Jesus, incluindo as "reduções guaraníticas", entre fins do século XVII e começo do século entrante, no Paraguai colonial? Havia algum sentido anticlerical na luta dos "Comuneros" contra os jesuítas ou eram interesses econômicos contrariados?

77 — Em quatro ocasiões, nos 150 anos dos "pueblos" jesuíticos, as milícias Guaranis avançaram sobre Assunção. Quais as razões destas insólitas ações bélicas e em qual delas, e por que, houve confronto com os "Comuneros"?

78 — Que influência tiveram essas estocadas militares para a continuidade do projeto colonial no Paraguai? Poder-se-ia estimar que o levante "Comunero", afinal de contas, se encaminhava para um movimento de libertação nacional? (Segundo alguns historiadores, a expulsão da Companhia de Jesus (1676) acelerou o processo de independências nacionais na América.)

79 — Por que só em 1680 Portugal resolve se apossar da Colônia de Sacramento, antigo entreposto de contrabando de comerciantes portugueses e espanhóis, localizado defronte a Buenos Aires?
80 — O que eram os chamados "Sete Povos das Missões"? Qual era a condição jurídica de seus habitantes e qual a sua importância socioeconômica no contexto da "República Guarani"?
81 — Por que foi assinado o Tratado de Madri (1750)? E que estabeleciam suas cláusulas com relação à troca da Colônia de Sacramento pelos "Sete Povos das Missões"?
82 — O que desencadeou a chamada "guerra guaranítica" (e como nela se comportaram os jesuítas): a cupidez das Coroas ibéricas diante do progresso material das missões ou a necessidade de fazer abortar o projeto político dos jesuítas em criar um Estado autônomo dentro do Estado colonial castelhano?
83 — O índio Sepé Tiaraju encabeçou a revolta Guarani contra sua expulsão dos "Sete Povos" da margem esquerda do rio Uruguai para a margem direita, território espanhol. Mas foi morto, segundo relatos contemporâneos, dias antes da batalha de Caibaté, que selou a violência colonial. Sepé Tiaraju foi realmente o primeiro "caudilho rio-grandense" - nas palavras do escritor Mansueto Mainardi - ou não passa de um "fantasma" da História do Rio Grande do Sul, na opinião de muitos historiadores?
84 — Pelo fato de os padres jesuítas, obedientes à Roma e, de acordo com sua nacionalidade, ao rei, terem evitado engajar-se na defesa dos "Sete Povos", a História fala em traição ao

ideal indígena. Como explicar que os Guaranis daquelas "reduções" ficassem "órfãos" de um respaldo físico, material e de comando, quando se deu a ofensiva bélica dos exércitos ibéricos para desalojá-los?

85 — A expulsão da Companhia de Jesus da América (em 1767) demonstra não apenas conflitos com as Coroas de Espanha e de Portugal, mas também divergências internas da instituição religiosa como um todo. Quais seriam esses conflitos e como eles se entrelaçavam no mundo colonial do século XVIII?

86 — Escrevendo sobre a situação interna dos "povos", após a expulsão dos jesuítas, o historiador Moysés Vellinho recorre a vaticínio do padre Josef Texedes, S. J. sobre eles: "Que así han de perder sin remedio estas misiones". Poderia dar um quadro aproximado das "reduções" a partir do testemunho dos próprios padres quando se foram?

87 — Segundo o abade Clovis Lugon, a "República Guarani" (...) "tinha de fazer-se muito pequena para não provocar o mundo colonial"? Por quê?

88 — Que semelhanças podem ser estabelecidas entre a organização das missões jesuíticas e as primitivas comunidades cristãs?

89 — Existia algum plano bem definido para a localização geopolítica das "reduções" jesuíticas na América? Quais seriam as finalidades deste plano? Pode-se falar no tão propalado "império teocrático dos jesuítas"? Ou, por outro lado, as missões não passavam de meras províncias espanholas de além-mar?

BIBLIOGRAFIA PRINCIPAL

(Livros, teses, textos inéditos e artigos)

ANDRADE, OSWALD de, *Do Pau-Brasil à Antropofagia e às Utopias*. Rio de Janeiro, Civilização Brasileira. 1970.

ANÔNIMO. *História de Nicolas Primeiro, Rey del Paraguay y Emperador de los Mamelucos*. Asunción, Editorial del Centenário. 1967.

ARMANI, ALBERTO, *Cittá di Dio e Cittá dei Sole*. Roma, Editorial Studium. 1977.

ASSUNÇÃO, FERNANDO O., *Presencia de las misiones jesuíticas en territorio uruguayo. Su importancia histórica y socio-económica en la formación rural del país*. Asunción, UNESCO. 1972.

BENITEZ, JUSTO PASTOR, *Los Comuneros del Paraguay* (1640-1735). Asunción, Editorial Casa-Libro. 1976.

BERNARDI, MANSUETO, *O Governo Temporal das Missões e o padre Antonio Sepp*. Porto Alegre, in "Pesquisas" n. 2 (Instituto Anchietano de Pesquisas). 1958.

BRUXEL, ARNALDO (S. J.), *A Nobreza dos Caciques Guaranis, do Primitivo Rio Grande do Sul*. Porto Alegre, in "Pesquisas" n. 2 (Instituto Anchietano de Pesquisas). 1958.

BRUXEL, ARNALDO (S. J.), *O Sistema de Propriedade das Reduções Guaraníticas*. Porto Alegre, in "Pesquisas" n. 3 (Instituto Anchietano de Pesquisas). 1950.

BRUXEL, ARNALDO (S. J.), *Padre Roque*. São Paulo, Edições Loyola. 1977.

BRUXEL, ARNALDO (S. J.), *Panorama Histórico dos Trinta Povos de Missões do Paraguai*. São Leopoldo (RS), Colégio Cristo Rei. Original (datil.). 1975.

CABRAL, LUIZ GONZAGA (S. J.), *Jesuítas no Brasil*. São Paulo, Companhia Melhoramentos de São Paulo. 1925.

CARDIEL, JOSÉ (S. J.), *Declaración de la Verdad*. Buenos Aires. Imprenta de Juan A. Alsina. 1900.

CASAS, fray BARTOLOMÉ de las, *Brevissima Relación de la Destrucción de las índias*. Buenos Aires, Ediciones Mar Oceano. 1953.

CESAR, GUILHERMINO, *História do Rio Grande do Sul* (*Período Colonial*). Porto Alegre, Editora Globo. 1970.

CLASTRES, HÉLÈNE, *Terra Sem Mal* ("*La Terre Sans Mal*"). Trad. Renato Janine Ribeiro. São Paulo, Editora Brasiliense. 1978.

CLASTRES, PIERRE, *A Sociedade Contra o Estado* ("*La Société contre L'État*"). Trad. Theo Santiago. Rio de Janeiro, Livraria Francisco Alves. 1978.

CLASTRES, PIERRE, *L'anthropologie des marxistes*. Paris, in "Libre", Petite Bibliothèque Payot. 1978.

CLASTRES, PIERRE, *Le Grand Parler*. Paris, Éditions du Seuil. 1974.

CLASTRES, PIERRE, *Malheur du Guerrier Sauvage*. Paris, in "Libre", Petite Bibliothèque Payot. 1977.

COLL, J. OLIVA de, *La Resistencia Indígena ante la Conquista*. México, Siglo Veinteuno Editores. 1976.

COLOMBRES, ADOLFO, *La Colonización Cultural de la América Indígena*. Buenos Aires, Ediciones del Sol. 1976.

COLOMBRES ADOLFO, *Por la Liberación del Indígena: documentos y testemonios*. Buenos Aires, Ediciones del Sol. 1975.

CORTESÃO, JAIME, *Jesuítas e Bandeirantes no Guairá* (1549-1640). Rio de Janeiro, Biblioteca Nacional. 1951.

ELLIS, MYRIAN, *A presença de Raposo Tavares na Expansão Paulista*. São Paulo, Revista do Instituto de Estudos Brasileiros, n. 9 (Separata). 1970.

FÚRLONG, GUILLERMO (S. J.), *El Transplante Cultural* (*Historia Social y Cultural del Rio de la Plata, 1536-1810*), 3 tomos. Buenos Aires, Tipografia Editora Argentina. 1969.

GADELHA, REGINA MARIA A. F., *"As Missões Jesuíticas do Itatim: Um Estudo das Estruturas Sócio-Econômicas Coloniais do Paraguai (Séculos XVI e XVII)*. São Paulo, Dissertação de Mestrado em História Econômica (USP). (Mimeo.) 1977.

GALEANO, EDUARDO, *Las venas abiertas de América Latina*. Buenos Aires, Siglo Veintiuno Editores. 1975.

GAMA, BASÍLIO da, *O Uruguai*. Rio de Janeiro, Livraria Agir Editora. 1972.

GARAY, BLAS, *El Comunismo de las Misiones*. Asunción, Instituto Colorado de Cultura. 1975.

GARAVAGLIA, JUAN CARLOS, *Las reduciones jesuíticas en la sociedad y la economia de Paracuaria (s. XVI-XVIII)*. Paris. Inédito. (xerox). 1978

GARAVAGLIA, JUAN CARLOS, *Um Modo de Produção Subsidiário: A Organização Econômica das Comunidades Guaranizadas durante os Séculos XVII e XVIII na Formação Regional Alto Peruano-Rio Platense, in Conceito de Modo de Produção*. Trad. Philomena Gebran. Rio de Janeiro, Paz e Terra. 1978.

GUILHERMOU, ALAIN, *Os Jesuítas*. Lisboa, Publicações Europa-América. 1977.

HAUBERT, MAXIME, *La vie quotidienne au Paraguay sous les jésuites*. Paris, Hachette. 1967.

HOLANDA, SÉRGIO BUARQUE de, *Visão do Paraíso*. São Paulo, Companhia Editora Nacional - Editora da Universidade de São Paulo. 1969.

HOORNAERT, EDUARDO; AZZI, RIOLANDO; GRIJP, KLAUS Van Der; BROD, BENNO, *História da Igreja no Brasil* (*Primeira Época*). Petrópolis, Vozes. 1977.

JAEGER, LUIZ GONZAGA (S. J.), *À Cata de Tesouros Jesuíticos*. Porto Alegre, in "Pesquisas" n. 3 (Instituto Anchietano de Pesquisas). 1950.

JAEGER, LUIZ GONZAGA (S. J.), *As Invasões Bandeirantes no Rio Grande do Sul (1635-1641)*. Porto Alegre, Typographia do Centro. s.d.

JAEGER, LUIZ GONZAGA (S. J.), *Índios Rio-Grandenses Civilizados pelos Antigos Jesuítas*. Porto Alegre, Separata da Enciclopédia Rio-Grandense, 19 Vol.: "O Rio Grande Antigo". s.d.

JAEGER, LUIZ GONZAGA (S. J.), *La Compañia de Jesús en el antiguo Guairá (1589-1631)*. Porto Alegre, in "Pesquisas", vol. 1 (Instituto Anchietano de Pesquisas). 1957.

JAULIN, ROBERT (textos reunidos), *El Etnocidio a través de las Américas*. México, Siglo Veintiuno Editores, 1976.

LIPSCHÜTZ, ALEJANDRO, *El Problema Racial en la Conquista de América*. México, Siglo Veintiuno Editores, 1975.

LUGON, CLOVIS, *A República "Comunista" Cristã dos Guaranis (1610-1768)* (*"La Republique 'Communiste Chrétienne des Guaranis' - 1610/1768"*). Trad. Álvaro Cabral. Rio de Janeiro, Paz e Terra. 1968.

LUGONES, L., *El Imperio Jesuítico*. Buenos Aires, Arnoldo Moen y Hermano, Editores. 1907.

MAEDER, ERNESTO J. e GUTIERREZ, RAMON, *La Imaginaria Jesuítica en las Misiones del Paraguay*. Buenos Aires, in "Anales del Instituto de Arte Americano y Investigaciones Estéticas", n. 23 (Universidad de Buenos Aires, Facultad de Arquitectura y Urbanismo). 1970.

MAEDER, ERNESTO J. e BOLSI, ALFREDO S., *La Población de las Misiones Guaranies entre 1702-1767*. Asunción, "Estúdios Paraguayos", vol. I I, n. 1. 1974.

MARTINS, WILSON, *História da Inteligência Brasileira*. Vol. I (1550-1794). São Paulo, Editora Cultrix. 1977.

MELIÀ, BARTOMEU (S. J.), *El guarani dominante y dominado*. Asunción, in "Suplemento Antropológico", vol. VIII, n. 1-2 (Universidad Católica). 1973.

MELIÀ, BARTOMEU (S. J.) e MUNZEL, CHRISTINE, *Ratonas y Jaguares. Reconstrucción de un genocidio a la manera del de los Axe-Guayaki*. Asunción, in "Suplemento Antropológico", vol. VI, n. 1-2 (Universidad Católica). 1971.

MENEZES, CLAUDIA, *Movimentos Messiânicos Guarani*. Rio de Janeiro. Inédito (datil.) 1979.

MÉTRAUX, ALFRED, *The Guarani*. Washington DC., in "Handbook South-American Indians" (U.S. Printing Office). 1946.

MÖRNER, MAGNUS, *Actividades Políticas y Económicas de los Jesuítas en el Rio de la Plata*. Buenos Aires, Editorial Paidos. 1968.

MÖRNER, MAGNUS, *La Mezcla de Razas en la Historia de América Latina*. Buenos Aires, Editorial Paidos. 1969.

NEVES, LUIZ FELIPE BAÊTA, *O Combate dos Soldados de Cristo na Terra dos Papagaios.* Rio de Janeiro, Forense-Universitária. 1978.

OLIVEIRA, FRANKLIN de, *Morte da Memória Nacional.* Rio de Janeiro, Editora Civilização Brasileira. 1967.

PACHECO, ELIEZER M., *Bibliografia Missioneira - uma contribuição.* Santa Rosa (RS), 19 Simpósio Nacional de Estudos Missioneiros. (Mimeo.) 1975.

PERAMAS, JOSÉ MANUEL, *La República de Platón y los Guaranies.* Buenos Aires, Emecé Editores. 1946.

PLÁ, JOSEFINA, *El Barroco Hispano Guarani.* Asunción, Editorial del Centenário S.R.L. 1975.

PLÁ, JOSEFINA, *Español y Guarani en la intimidad de la cultura paraguaya.* Buenos Aires, Academia Argentina de Letras. 1975.

PLATTNER, FELIX ALFRED, *Deutsche Meister Barock in Südamerika im 17 und 18.* Jahrhundert. Freiburg, Herder. 1960.

POPESCU, ORESTE, *El Sistema Económico en las Misiones Jesuíticas.* Barcelona, Ediciones Ariel. 1967.

PORTO, AURÉLIO, *História das Missões Orientais do Uruguai.* 2 vols. Porto Alegre, Edição da Livraria Selbach. 1954.

QUEIROZ, MARIA ISAURA PEREIRA de, *O Messianismo - no Brasil e no mundo.* São Paulo, Dominus Editora e Editora da USP. 1965.

RABUSKE, ARTHUR (S.J.), *Cartas de índios cristãos do Paraguai, máxime dos Sete Povos, datadas de 1753.* São Leopoldo (RS), inédito (datil.). 1978 (?)

RABUSKE, ARTHUR (S.J.), *Diversas Pesquisas Avulsas sobre as Reduções do Paraguai.* São Leopoldo (RS), in "Estudos Leopoldenses" (Separata), vol. 14 n. 47 (Universidade do Vale do Rio dos Sinos). 1978.

ROMANO, RUGGIERO, *Mecanismos da Conquista Colonial ("Les Mécanismes de la Conquête Coloniale: Les Conquistadores").* São Paulo, Editora Perspectiva. 1973.

RUSCHEL, RUY RUBEN, *O Sistema Jurídico dos Povos Missioneiros.* Santo Ângelo (RS), Conferência Impr. 1975.

SANTA CRUZ, ROQUE GONZALEZ de, *Colonia y reduciones en el Paraguay de 1600.* (Artigos de Rafael E. Velázquez, Angel N. Acha Duarte, Juan Villegas, S.J., Hugo Storni, S.J., Jerónimo Irala Burgos, Bartomeu Meliá, S.J., e Josefina Plá). Asunción (...). 1975.

SANTOS, SILVIO COELHO dos, *Índios e Brancos no Sul do Brasil.* Florianópolis, Edeme. 1973.

SCHADEN, EGON, *Aspectos Fundamentais da Cultura Guarani.* São Paulo, Difusão Europeia do Livro. 1960.

SEELWISCHE, JOSÉ (O.M.I.), *La organización socio-económica de los indígenas frente a los sistemas coloniales.* Asunción, in "Suplemento Antropológico", vol. IX, n. 1-2. 1974.

SEPP, ANTONIO (S. J.), *Jardin de Flores Paracuario*. (Tomos I, II e III). Buenos Aires, Editorial Universitária de Buenos Aires. 1974.

SEPP, ANTONIO (S.J.), *Viagens às Missões Jesuíticas e Trabalhos Apostólicos*. Trad. A. Reymundo Schneider. São Paulo, Livraria Martins Editora. 1972.

SILVA, DEONISIO da, *O Discurso Jesuítico*. Ijuí (RS). Inédito (xerox). 1978.

STEIN, STANLEY J. e STEIN, BARBARA H., *A Herança Colonial da América Latina* (*"The Colonial Heritage of Latin America/ Essays on Economic Dependence in Perspective"*). Trad. José Fernandes Dias. Rio de Janeiro, Paz e Terra. 1977.

SUŠNIK, BRANISLAVA, *El índio Colonial del Paraguay*, vols. I e II. Asunción, Museu Etnográfico "Andrés Barbero". 1965/1966.

TAUNAY, AFFONSO de E., *História das Bandeiras Paulistas* (Tomo I). São Paulo, Edições Melhoramentos MEC. 1975.

TESCHAUER, CARLOS (S. J.), *Pe. Ruiz de Montoya, S. J., Apóstolo do Guaíra e do Tape*. São Leopoldo (RS), in "Pesquisas" - História, n. 19 (Instituto Anchietano de Pesquisas). 1980.

TREVISAN, ARMINDO, *A Escultura dos Sete Povos*. Porto Alegre, Editora Movimento. 1978.

VELÁZQUEZ, RAFAEL ELADIO, *Breve Historia de la Cultura en el Paraguay*. Asunción, Edição do A. 1978.

VELLINHO, MOYSÉS, *Capitania d'El Rei*. Porto Alegre, Editora Globo. 1970.

VERÍSSIMO, ÉRICO, *O Tempo e o Vento* (*O Continente*). Porto Alegre, Editora Globo. 1977.

VILLEGAS, JUAN (S.J.), *Aplicación del Concilio de Trento en Hispanoamérica (1564-1600)*. Montevideo, in "Cuadernos del Itu" (Instituto Teológico del Uruguay). 1975.

El índio guarani es el animal más raro y inconstruible que Dios ha criado (Lope Luis Altamirano, S.J.).

O CORPO DAS ENTREVISTAS

BARTOMEU MELIÀ, S.J.* — Com relação ao índio, acredito que a mentalidade colonial não mudou absolutamente em nada. O projeto é idêntico ao projeto atual. Talvez a única diferença seja que o desejo de integrá-lo à sociedade colonial "criolla" era porque naquele momento o índio ainda representava quantitativamente uma força de trabalho notável. Hoje, tendo sido praticamente massacrados, eliminados, os índios não representam uma forca quantitativa dentro das nações latino-americanas. O projeto de assimilá-los, de integrá-los à chamada "civilização" é exatamente o mesmo.

RAFAEL ELADIO VELÁZQUEZ** — Ao chegarem à comarca de Assunção, os espanhóis são bem recebidos pelos Guaranis, que os consideram aliados contra os seus inimigos seculares, os Payaguás e os Guaicurus, do Chaco. Porém, quando os indígenas se apercebem de que eles vêm com o objetivo de serem amos, conquistadores, começam as primeiras inquietudes. Durante todo o século XVI ocorrem frequentes levantes indígenas guaranis, já que não podemos falar de levantes de Guaicurus e Payaguás, pois esses jamais foram submetidos: a luta contra eles, a guerra, resistência e não rebelião; as rebeliões são exclusivamente guaranis. Encontramos alguns casos, nos quais, por exemplo, se destroem todos os elementos trazidos pelo espanhol.

* Bartomeu Melià: Jesuíta e antropólogo espanhol. Atuou no Paraguai até 1978, onde dirigiu a revista "Acción". Fez conferências, ministrou cursos em universidades nos intervalos de seu trabalho de campo junto a índios guaranis, no Mato Grosso do Sul. Faleceu em 6.12.2019.

** Rafael Eladio Velazquez: Historiador paraguaio, catedrático de Hist6ria de América (Período Colonial) e de História del Derecho Indiano, na Universidade Nacional de Assunção e na Universidade Católica do Paraguai. Autor de inúmeros livros de História, dentre eles o mais recente é "Breve História de la Cultura en el Paraguay". Falecido em 1994.

Matam-se as vacas, as ovelhas, os cães, se destroem as ferramentas, a roupa, etc., como uma forma de voltar ao estado anterior.

JUAN CARLOS GARAVAGLIA* — A partir das normas de parentesco, os espanhóis recebem índias (mulheres) como esposas e empregadas. Isso tem dado lugar a uma teoria relativa ao "paraíso", que considero incorreta, porque o fundamental é que as relações de parentesco - que na sociedade indígena funcionam como relações econômicas, políticas, religiosas, sociais e, portanto, sexuais - na sociedade ocidental são especificamente sexuais e de família. Na sociedade indígena são multivalentes, totais, encerram todos os aspectos. O branco começa a receber índias, mas para trabalhar como empregadas, tecelãs, para trabalhar nas plantações de açúcar, mandioca, etc. E cada índia pressupõe irmãos, os cunhados que virão ajudar os conquistadores. Este tipo de relacionamento, que na sociedade indígena era global, começa a ser desnudado pelo branco e transformado em relação econômica, em prestação de serviços.

JUAN VILLEGAS, S.J.** — O cristianismo será o veículo para colonizar o índio. O índio entra na etapa colonial hispano-portuguesa através da evangelização e da aculturação. Dessa forma, já não teremos um índio, digamos assim, virgem, um índio autêntico, mas um índio que pelo menos professa uma crença, que é a crença dos colonos. E é por aí que a Igreja também entra no sistema colonial. Como instituição que traz os colonizadores, ela penetrará também na selva e nas margens dos rios. O índio, então, se desnaturaliza, perde sua virgindade, sua

* Juan Carlos Garavaglia: Historiador argentino, estudioso das missões jesuíticas do Paraguai, autor de "Um Modo de Produção Subsidiário: A Organização Econômica das Comunidades Guaranizadas durante os séculos XVII e XVIII na Formação Regional Alto Peruano-Rio Platense", publicado no Brasil; e, também, de "Las Reducciones Jesuíticas en la sociedad y la Economia de 'Paracuaria'", com edição mexicana. Faleceu em 15.1.2017.

** Juan Villegas: Jesuíta uruguaio, autor de "Aplicación del Concilio de Trento en Hispanoamérica (1564-1600)" e estudo sobre o padre Roque González. Coordenador da área Cone Sul da Comissão de Estudos de História da Igreja na América Latina (CEHILA). Escreve a História da Igreja no Uruguai. Falecido em 12.5.2007.

idiossincrasia, viverá de outra maneira, tendo que adotar os novos costumes que lhe serão impostos pela cristianização.

CLOVIS LUGON* — Eu acredito que os jesuítas tinham, no início, um projeto evangélico e, por acréscimo, realizaram uma organização social *sui generis*. Mas seu propósito não era criar uma alternativa em oposição ao mundo espanhol e português. Como os colonialistas praticavam a escravidão, para os jesuítas o objetivo secundário à condição de evangelização era evidentemente permitir aos Guaranis escapar à "encomienda" e à própria escravidão.

MAXIME HAUBERT** — Os jesuítas viveram cento e cinquenta anos, e até mais, entre os índios, e não nos deixaram praticamente nenhuma descrição sobre os seus costumes. A explicação é muito simples: para eles, os costumes indígenas eram superstições que haviam sido ensinadas aos índios pelo diabo. E, portanto, pensavam de maneira muito ingênua, que com o batizado exorcizavam os índios de suas superstições, e esses costumes desapareceriam para sempre.

MOYSES VELLINHO*** — No momento em que se verificou a expansão dos jesuítas portugueses rumo ao Sul, a partir do Rio de Janeiro, e dos jesuítas do Paraguai através do rio Uruguai, esta região aqui era uma região praticamente sem dono. Era terra de ninguém. Não havia maior interesse de soberania, quer do lado de Portugal, quer

* Clovis Lugon: Abade suíço, autor do livro "A República 'Comunista' Cristã dos Guaranis", originalmente publicado em 1949, na França. A obra é o resultado de dez anos de pesquisas sem nunca ter estado na América, que só veio a conhecer em 1979, numa viagem às missões do Brasil e da Argentina. Publicou, também, "Les Religieux en Question". Faleceu em 1991.

** Maxime Haubert: Historiador e antropólogo francês. Professor da Universidade Paris I. Grande conhecedor do Brasil, é autor de tese sobre o padre Vieira, "L'Eglise et la defense des 'sauvages': le Père Antoine Vieira au Brésil", e de "La Vie Quotidienne des Guaranis sous les Jesuites"..

*** Moyses Vellinho: Historiador brasileiro, autor de vasta obra, que inclui títulos abordando Eça de Queiróz, Simões Lopes Neto, Machado de Assis, José Verissimo e Gilberto Freyre. Seu livro mais famoso, "Capitania d'El Rei", sobre a formação do Rio Grande do Sul, publicado em 1963, cinco anos depois aparece em tradução americana. Morreu em 27 de agosto de 1980.

do lado de Espanha, por essas terras que ninguém conhecia, senão os bandeirantes, vagamente.

GUILHERMINO CESAR* — Só mesmo os padres jesuítas é que conheciam a região: levavam cartógrafos, fizeram mapas rudimentares. Ao passo que os bandeirantes, pelo menos se ignora, não deixaram documentos que provassem terem eles feito uma larga investigação do ponto de vista da geografia, da topografia da região. Eles iam um pouco às cegas, ao sabor dos seus impulsos, e atinavam sempre com as "reduções", porque traziam consigo os "linguas" (índios intérpretes). E o bandeirante, no geral, acompanhava o rumo dos grandes rios, seguia os vales, e todas estas missões estavam instaladas à beira de cursos d'água.

RAFAEL ELADIO VELÁZQUEZ — Todo grupo indígena submetido era "reduzido" a um povoado. Impunha-se-lhes a vida urbana. A razão dessa atitude é que assim era mais fácil a evangelização. Mas é evidente que existiam razões políticas, como uma maior facilidade de controlar e manter subjugada a comunidade.

ERNESTO J. MAEDER** — Os primeiros "pueblos" guaranis são praticamente devastados pela presença dos bandeirantes, e isso provoca, como consequência da ação do padre Antonio Ruiz de Montoya, um movimento de êxodo. Ele organiza a retirada das missões do Guaíra (atual estado do Paraná) para onde está hoje a província argentina de Misiones e o Sul do Paraguai. Esses "povos" se retraem, como posteriormente se retraem também os "povos" do Itatim e os "pueblos" do Tapes. Em face dessa reunião se produz uma mistura de diferentes grupos guaraníticos: daí surge um processo de homogeneização

* Guilhermino. Cesar: Historiador brasileiro, poeta, jornalista, professor universitário. Natural de Minas Gerais, onde na juventude colaborou na fundação da revista "Verde", em Cataguases; fixou seu talento no Rio Grande do Sul. Autor, entre outras obras, de "Meia-Pataca" e "Arte de Amar" (poesia), "O Romance Brasileiro Contemporâneo" e estudo crítico sobre Corpo Santo. Cronista da "civilização" gaúcha, escreveu também uma "História do Rio Grande do Sul". Faleceu em 7 de dezembro de 1993.

** Ernesto J. Maeder: Historiador argentino. Professor da Universidad Nacional del Nordeste, em Resistencia, na Argentina. Coautor de "La población de las misiones guaranies entre 1702-1767", escrito com o prof. Alfredo S. Bolsi, e de "La Imageneria Jesuítica en las Misiones del Paraguay", com Ramon Gutierrez. Faleceu em 2015.

dentro do qual se constituem os 30 povoados que subsistirão, definitivamente, como o núcleo essencial das missões jesuíticas.

MOYSES VELLINHO — Eles não poderiam levar à plenitude seus sonhos de expansão sem alcançar o mar. Assim, o fenômeno que se verificou em Guaíra repetiu-se depois no Sul, nos Tapes: eles procuravam avançar rumo ao mar. E tanto isso é verdade que os mapas da época chamavam de "Mar do Paraguai" o mar que banha a nossa costa. Era o "Mar do Paraguai" para todos os efeitos. Isso só pode ter uma explicação: é que eles contavam chegar até lá.

GUILHERMINO CESAR — Antes de atacar algumas das missões do Sul, os jesuítas eram abordados pacificamente pelos bandeirantes. E como os jesuítas se recusassem a fornecer-lhes escravos, eles atacavam as missões e aprisionavam os índios. Havia então o seguinte: um certo entendimento entre os caciques, entre os chefes, que de certo modo exerciam eles próprios uma fiscalização sobre os elementos que vendiam ou cediam, ou trocavam por pano, fumo e cachaça, com os bandeirantes. Os bandeirantes também tinham seu atrativo, sabiam comerciar com o índio. Tanto assim que nas cercanias de Porto Alegre, por exemplo, o "Anjo" lhes forneceu, anos seguidos, levas e levas de trabalhadores indígenas que foram acionar as lavouras do litoral paulista.

CLOVIS LUGON — Eram, portanto, católicos praticantes (eles iam à igreja), mas tinham uma concepção do catolicismo totalmente errônea, falseada pela sua cobiça em relação aos índios. Eram escravistas que procuravam escravos para depois vendê-los nos portos do Brasil.

MAXIME HAUBERT — Os reis de Espanha concederam um certo número de privilégios aos jesuítas, às suas "reduções", aos seus índios, precisamente por causa da situação das "reduções" na fronteira entre o império português e o império espanhol. Quer dizer, as "reduções" deviam servir de tampão entre espanhóis e portugueses, para deter os avanços destes império espanhol adentro. Efetivamente, as "reduções" desempenharam este papel com sucesso, conseguindo parar de uma maneira definitiva o expansionismo português em direção ao Rio da Prata.

RAFAEL ELADIO VELÁZQUEZ — As "reduções" são centros políticos, econômicos e sociais, nos quais a meta é a evangelização do indígena. Mas evangelização implica integração social, supõe incorporação do indígena às formas cristãs de viver. E isso supõe, ainda que os jesuítas mantenham zelosamente o seu isolamento em relação aos colonos, habilitá-los para sua incorporação à sociedade paraguaia.

MOYSES VELLINHO — Não eram só os "paulistas" que sentiam necessidade de escravizar o índio a fim de colher os frutos do trabalho dele. Os jesuítas também.

JUAN CARLOS GARAVAGLIA — À primeira vista, as "reduções" formavam um império isolado do mundo colonial; mas na realidade, através da circulação dos seus produtos, faziam parte do mercado interno colonial. As "reduções" produziam couro, tecidos de algodão, açúcar, tabaco, erva-mate, que circulavam pela colônia, chegando até Quito, ao México. Lentamente o indígena vai se transformando em camponês, o que acabará acontecendo no final do século XVIII. Era o objetivo estratégico da sociedade colonial: integrar esses índios dos quais não podia ser extraído trabalho excedente, não podiam ser explorados na sociedade colonial. Graças às "reduções" jesuíticas, depois de 150 anos, todos os índios guaranis que estavam sob a égide dos jesuítas acabam virando camponeses que trabalham para os brancos, marinheiros das barcas que descem de Assumpção a Santa Fé ou Buenos Aires, artesãos em Assumpção ou Santa Fé, tocando órgão em Córdoba. Quer dizer, acabam integrados na sociedade colonial, e isso graças ao trabalho dos jesuítas com eles. Nesse sentido, a experiência dos jesuítas faz parte do mundo colonial, sem ser alternativa de forma alguma.

RAMON GUTIERREZ* — Poderíamos dizer que uma "redução" jesuítica adota uma série de elementos próprios da legislação de Índias. As "Leis de Índias" legislavam sobre a regulamentação dos povoados: formas de assentamento, escolha dos locais para a fixação dos "povos", estrutura e organização interna. Os jesuítas, nas suas "reduções", adotarão só a primeira parte das "Leis de Índias": estritamente tudo que se refere às formas de assentamento, locais salubres, de fácil de acesso, de fácil defesa, que disponham de água, de madeira, de condições onde se possa viver adequadamente. Em segundo lugar, não vão utilizar os mecanismos da estrutura interna dos povoados como se encontram habitualmente nas "Leis de Índias". Pelo contrário, quase poderíamos dizer que a estrutura urbana dos jesuítas é a única que responde, nos pouquíssimos exemplos que temos na América, a uma estrutura barroca de organização urbana. Barroca não especificamente nos resultados dos tratados barrocos habituais, mas em manter os conceitos do barroco. Quer dizer, as formas de participação da população, de persuasão da população através do urbanismo.

RAFAEL ELADIO VELÁZQUEZ — O regime de "pueblos" de índios alcançou somente os Guaranis do Paraguai. Os do Chaco, os Guaicurus, os Payaguás não foram submetidos ao regime de "pueblos", nem participaram do processo de miscigenação. O indígena devia ao rei um tributo ou imposto e o rei cedia esse tributo a um espanhol ou "descendente", chamado de "encomendero", que em troca desse benefício contraía a obrigação de se armar, equipar e participar da defesa provincial por sua conta. Dessa maneira eximia o rei da necessidade de manter milícias, como eximia o rei da obrigação de financiar a evangelização do indígena. Os "encomenderos" de um "pueblo" de índios deviam sustentar o padre doutrineiro desse "povo".

* Ramon Gutierrez: Arquiteto argentino, especialista em missões religiosas do Rio da Prata. Professor da Facultad de Arquitectura y Urbanismo da Universidad Nacional del Nordeste, em Resistencia, na Argentina. Escreveu, entre outros trabalhos, ensaio intitulado "Estructura socio-politica, sistema productivo y resultante espacial en las misiones jesuíticas del Paraguay durante el siglo XVIII".

JUAN CARLOS GARAVAGLIA — Os jesuítas vêm solucionar um grave problema: com o surgimento da "encomienda" as rebeliões indígenas aumentam. Os jesuítas e outras ordens religiosas começam a domesticar (para usar uma palavra um pouco forte), para entregar o índio submisso ao "encomendero". Só que os jesuítas não devolvem o índio ao "encomendero", e essa domesticação vai ser em função dos objetivos e fins que a Companhia de Jesus determina para as "reduções".

BARTOMEU MELIÀ, S.J. — Acredito que os jesuítas aproveitaram, por um lado, um modelo que não estava em contradição com a legislação espanhola, e de outro uma adaptação e aproveitamento das virtudes que tinham os índios guaranis, enquanto trabalho comunitário, trabalho unido por parentesco, trabalho agrícola, e até uma certa facilidade para viver em comunidades ritualizadas, ou seja, comunidades nas quais a vida espiritual, a manifestação ritual era muito importante, o que nas "reduções" procurou-se manter.

RAFAEL ELADIO VELÁZQUEZ — Os Guaranis são, dentre os povos indígenas da América, os que mais importância emprestam à vida sobrenatural. Daí o poder muito grande daqueles a quem são atribuídas aptidões nesse campo de atividades.

MAXIME HAUBERT — Os mitos da origem dos Guaranis dizem que há muito tempo os Guaranis teriam sido civilizados pelos assim chamados "heróis civilizadores", quer dizer, por grandes índios que tinham vindo ensinar aos Guaranis sua língua, seus costumes, suas danças, a forma de plantar mandioca. E depois de eles partirem, sentindo-se ofendidos por alguma razão, teriam destruído o mundo uma primeira vez e ainda voltariam. Os índios viviam com suas esperanças perpétuas de que os "heróis civilizadores" retornariam. E os primeiros colonos espanhóis foram considerados como tais. Da mesma forma que os primeiros colonos espanhóis no México ou Peru tinham sido igualmente considerados como deuses mexicanos ou peruanos que chegavam.

ANTONIO GONZALEZ DORADO, S.J.* — A religião guarani é a religião da palavra. O cristianismo também. A diferença está na transmissão de cada uma. Um pregador cristão, como por exemplo São Paulo, é só um homem que vem transmitir a palavra de Deus, traz a palavra de Jesus e Jesus mesmo é o profeta, isto é, o missionário diz a palavra de Deus no meio dos homens. O profeta do mundo ocidental se traduz no xamã para os Guaranis. Xamã é também um profeta. E o xamã primitivo, oriundo da própria comunidade, vai ser substituído por outro xamã, por outro profeta, pelo jesuíta. O missionário que traz a palavra de Deus e os mandatos do Senhor.

RAFAEL ELADIO VELÁZQUEZ — Os jesuítas, quando fundam seus "povos", contrapõem ao xamã (ao qual proscrevem) a figura política do cacique. O cacique é quase uma criação dos espanhóis, conquanto existisse entre os Guaranis pré-hispânicos. O cacique não tinha a importância que lhe foi atribuída depois. No fundo, é criar um poder nativo que se contraponha ao poder nativo hostil, o dos xamãs.

MAXIME HAUBERT — Os jesuítas assomaram para os índios como outros chefes, como outros xamãs. E essa era a razão pela qual os jesuítas foram tão facilmente aceitos pelos índios nos primeiros tempos da evangelização.

BARTOMEU MELIÀ, S.J. — O jesuíta ensejava ao cacique a possibilidade de se afirmar contra o xamã. Mas com o tempo os caciques também foram perdendo importância dentro da organização social da comunidade, para que o controle, a organização política, econômica, religiosa passasse dos caciques aos novos xamãs.

MAXIME HAUBERT — Muitos xamãs surgiram e salvaram os índios, dizendo que eles eram os messias, os "heróis civilizadores" anunciados pelos mitos, e prometeram aos índios conduzir as tribos guaranis à "Terra Sem Mal". Isto é, a essa terra onde todo mundo vive feliz, terra de que falam os mitos guaranis e que era a terra onde os

* Antonio Gonzalez Dorado: padre jesuíta, Provincial da Companhia de Jesus, no Paraguai, à época da entrevista (1978). Faleceu em 2014.

Guaranis deveriam esperar pelo fim da vida. Esses xamãs levantaram tribos indígenas inteiras, dizendo que eles deveriam destruir os jesuítas para poder chegar a "Terra Sem Mal"; que os padres tinham sido enviados para exterminar os índios, e que não se podia chegar a "Terra Sem Mal" sem antes acabar com eles.

CLOVIS LUGON — E sobretudo a pedagogia dos jesuítas soube tornar os Guaranis ativos, no sentido que quase desde o início eles chamaram os índios a participar das investidas de evangelização nas florestas. E os Guaranis souberam participar em espírito nessas ações de evangelização. Eu me lembro, pois eu mesmo sou um partidário da não-violência em toda medida do possível; eu me lembro de um exemplo do qual o padre Cataldino, um dos fundadores das missões, foi o herói. Eles estavam cercados, bastante enfronhados na mata, e depararam com uma tribo selvagem e ameaçadora, armada (eles mesmos estavam armados por causa dos animais selvagens). Os Guaranis depositaram suas armas a seus pés e manifestaram que não tinham nenhuma intenção agressiva e que vinham como amigos. Em seguida, o padre Cataldino ficou ali, sozinho, nos dias seguintes e durante vários meses, e, finalmente, setecentos desses pretensos "selvagens" vieram à "redução" para se evangelizarem mais profundamente e se tornarem membros da comunidade.

JUAN VILLEGAS, S.J. — Está claro que os jesuítas, ao construir as "reduções" e ao reunir os índios, estão sempre em relação com o patrono. Não poderia ser de outra maneira. Era a única forma viável de poder trabalhar entre os índios na obra missioneira. Eles já sabiam que o patrono era o rei, e, portanto, estavam a serviço de Deus Nosso Senhor, como se dizia na época, e também serviam à Sua Majestade, o Rei.

MAXIME HAUBERT — Os jesuítas modificaram a organização do espaço, obrigando os índios a viver em "pueblos", que tinham um urbanismo completamente diferente daquele das aldeias indígenas primitivas. Ora, a organização do espaço e a organização do espírito são duas coisas estreitamente ligadas. Se você modifica a organização do espaço, você também modifica obrigatoriamente a maneira de pensar, de agir, de se comportar das pessoas. A mesma coisa exatamente para a organização do tempo. Os jesuítas obrigaram os índios a seguir horários de trabalho e de lazer extremamente rígidos, e dos quais era impossível se livrar. Sob esse aspecto, o sistema era um pouco totalitário.

JUAN CARLOS GARAVAGLIA — Do ponto de vista arquitetônico, no local destacado das "reduções" estava a igreja e, do lado, a grande torre com o sino. Nem todas as "reduções" tinham relógio, já que eram caros, mas não podia faltar o sino, marcando as horas para orar, comer, dançar, e trabalhar, fundamentalmente. Qual a importância disto? Nas sociedades indígenas, cada um fazia o que podia, como podia e no momento que podia. Colher mandioca, por exemplo, não tinha horário determinado: colhia-se somente quando era necessário. Se fazia calor, não se ia buscar mandioca, se se tinha vontade de ficar sentado, não se ia buscar mandioca. Quer dizer, essas rupturas de ritmo, quase digo natural (nas sociedades primitivas esse é o ritmo natural), é um ritmo não codificado em horários. Essa modificação introduzida pelos jesuítas é a mais importante no sentido de transformar o índio em um ser produtivo para a sociedade colonial, com um forte sentido do tempo, do trabalho. Sabemos, por exemplo, que na Europa a aparição dos relógios serviu para que todo mundo fosse trabalhar na mesma hora. Enfim, para que a produção tivesse ritmo igual e fosse cada vez maior.

CLOVIS LUGON — Os dois jesuítas que dirigiam uma "redução" eram um fermento minúsculo no seio de uma comunidade que contava com quatro mil, oito mil, quinze mil ou mais habitantes. Era seu poder moral que se exercia através de adjuntos, de conselheiros, eleitos todos os anos, e que realmente tinham a palavra, que exerciam a justiça e só recorriam aos jesuítas nos casos mais graves para ter a sua opinião. Não era, portanto, uma ditadura dos jesuítas. E se eles houvessem mantido o sistema de propriedade comum no seu interesse, para melhor explorar os Guaranis, eles os teriam feito trabalhar dez, doze, quinze horas, como se fazia com os camponeses na Europa. Ora, na realidade, os Guaranis só trabalhavam de seis a oito horas por dia, ou seja, os jesuítas não procuravam tirar o proveito máximo. Eles permitiam que os índios produzissem para viver e desenvolver sua sociedade sem forçá-los, pois esse não era o interesse dos Guaranis, nem o dos jesuítas.

RAMON GUTIERREZ — As medidas práticas tomadas pelos jesuítas com relação à reforma da família Guarani nascem basicamente do fato de ter que eliminar a poligamia. Este é um elemento que condiciona ao mesmo tempo a estrutura urbana e a forma de organização social interna das "reduções". E o processo leva, em alguns casos, até aproximadamente um século. Os Guaranis moravam em "malocas". Alguns deles nômades, outros mais sedentários, com grande quantidade de famílias sob o mesmo teto. Os jesuítas se propõem a criar uma estrutura de família monogâmica a partir de um processo educativo de aprendizagem, onde a arquitetura, inclusive, tem uma tarefa bastante importante. As primeiras casas coletivas rodeadas de galerias do jeito das que conhecemos habitualmente serão divididas pouco a pouco, por meio de couros numa primeira fase, e por paredes definitivas depois, dando-lhes justamente essa divisão de grupo, de unidade familiar, que os jesuítas propunham.

MAXIME HAUBERT — Os jesuítas usaram, mais ou menos conscientemente, de medidas de pressão contra os índios para modificar o seu sistema econômico e social. Utilizando a rivalidade entre os sexos, os jesuítas jogavam as mulheres contra os seus maridos, como também utilizavam a rivalidade entre gerações, jogando as crianças contra os seus pais. Aliás, tomaram muito as crianças como espiões para reportar aos padres os "pecados" que cometiam seus pais. Eles também jogaram caciques contra outros caciques, algumas tribos contra outras tribos. Mesmo uma vez formadas as "reduções", com seus índios Guaranis já cristãos, eles saíam à caça de pagãos e às vezes capturavam mais ou menos pacificamente aldeias inteiras e as obrigavam a viver dentro das "reduções".

CLOVIS LUGON — Os caciques, espécie de nobreza decorativa, não tinham nenhum poder e deviam trabalhar como todo mundo. "Todos son labradores", dizia o padre Montoya. Os caciques, em número de quinze, vinte, trinta, quarenta em cada "redução", descendentes dos antigos caciques, não eram privilegiados. Eram, melhor dizendo, pessoas que tinham uma certa dignidade decorativa como a aristocracia em nossas repúblicas.

JUAN CARLOS GARAVAGLIA — Vamos ver que os chefes, os caciques, geralmente ocupam cargos nos Cabildos. São os corregedores. Como diz escritor do século XVIII: são os mandarins, ou seja, uma burocracia indígena que serve de correia de transmissão entre o sacerdote e o segmento indígena dominado, isto é, sua tribo. Porém, há outro papel que está oculto e que não é fácil de verificar. Pode-se pensar que o cacique continua desfrutando, além disso, de um certo poder próprio, quando, por exemplo, é ele quem determina as quintas que devem ser trabalhadas por "seus" índios (seus "servos", segundo cronistas dos séculos XVII e XVIII). Nesse caso, este poder é o resultado da importância que os jesuítas dão aos caciques, para mantê-los como ligação com a sociedade dominada.

RAMON GUTIERREZ — Talvez a importância que foi dada aos caciques dentro da estrutura dos jesuítas venha de outro fenômeno. Surge precisamente do respeito que o jesuíta tem pela estrutura social organizativa indígena, através da sua experiência prévia com os "povos" de Juli (no Peru). Eles percebem que respeitando e valorizando o cacique no meio do seu grupo social podem contar com um intermediário apto e útil para o trabalho de reorganização social dessa estrutura. De outra forma seria quase impossível para dois missionários se combinar com grupos indígenas (às vezes de 7.000 pessoas) pelo sistema direto e individual.

MAXIME HAUBERT — Nas "reduções" havia uma hierarquia muito severa de categorias sociais: os jesuítas criaram uma espécie de pequena nobreza indígena com os caciques, os funcionários municipais, etc. E cada um devia se vestir segundo a sua condição social. Eu acho que é uma das principais características das "reduções" jesuíticas com os Guaranis. Um dos traços particulares que as diferenciam das outras "reduções" a esse absolutismo dos jesuítas, esse totalitarismo da Companhia de Jesus para com os índios; isso faz com que nas "reduções" eles se comportem como os professores jesuítas europeus se comportavam com os seus alunos nos colégios da Companhia: um comportamento extremamente severo, uma tutela, uma severidade permanente para impedir que os Guaranis cometessem a menor das faltas.

ANTONIO GONZALEZ DORADO, S.J. — Em toda cultura podem existir dois aspectos de encarar a Igreja, sobretudo nesta circunstância. Uns são aspectos de tipo negativo, como em determinado momento a bebedeira e a poligamia. Um dado também sumamente importante da época é a antropofagia. Logicamente, face a isso que se considera uma desumanização dentro de uma cultura é que se tenta um caminho de superação, ao qual se chega, inclusive, através do castigo. Lembrem-se, por exemplo, dos casos de antropofagia que se davam em todo Norte do Paraguai, na zona de Villarica. Tem outra segunda dimensão: querem transmitir uma fé. Qual é o perigo frente a essa fé? O fetichismo, os ídolos, etc., um elemento que talvez, nessa época, não se considera tanto como um elemento cultural, mas justaposto a uma cultura. Portanto, se pensa que a sua eliminação, com a introdução de uma fé, não irá afetar essencialmente a cultura. Hoje o problema seria diferente.

MAXIME HAUBERT — Comendo o cérebro e as carnes de um inimigo adquiria-se, de certa maneira, sua força, sua coragem, sua inteligência, enfim. Portanto, podemos pensar que os Guaranis comendo seu "deus" à missa, pensavam igualmente estar incorporando sua força, sua inteligência.

JUAN VILLEGAS, S.J. — A mudança das maneiras de ser, a bebedeira, o ócio e os "maus" costumes (...), na realidade estavam sendo julgados do ponto de vista espanhol, a partir do missionário. É possível que essas bebedeiras, esse ócio e a maneira de ser estivessem conotando traços relevantes da idiossincrasia indígena. O índio talvez estivesse seguindo caracteres míticos e, inclusive, realizando objetivos religiosos, enquanto o espanhol diz que ele está se embriagando. O índio pertence a outra sociedade. Em relação ao trabalho, à produção, ao "salário", a tantas coisas que o espanhol aporta, o índio aparenta ser muito preguiçoso. Na verdade, existe outro ritmo, outra cultura entre o índio e o castelhano, daí esses juízos, essas apreciações.

MOYSES VELLINHO — Tudo muito bem idealizado. O plano dos jesuítas era uma maravilha. Mas o elemento humano com que contavam e do qual quiseram fazer o suporte de uma civilização nova, não correspondia de maneira nenhuma à sua verdadeira utopia. Assim, aquelas missões, que hoje são idealizadas por elementos que não frequentam a história na sua intimidade, representam um sonho que se destinava ao mais completo fracasso.

MAXIME HAUBERT — "Tupambaé", quer dizer, o que se chamou de o setor produtivo "comunista" das "reduções". "Tupambaé" a "coisa de Deus", e o nome dado pelos jesuítas, de "Tupã-Deus", "baé-a coisa", em oposição a "Abambaé", a "coisa do índio". "Abambaé" era o setor privado e "Tupambaé", o setor público. Logo, muitas vezes se considerou o "Tupambaé" como uma espécie de comunismo "avant la lettre". Eu penso que isso é completamente errôneo, e que o "Tupambaé" é precisamente um setor colonial, é a zona de intervenção colonial nas comunidades indígenas Guaranis. O "Tupambaé" tinha aproximadamente quatro funções: o produto do trabalho dos índios servia em primeiro lugar para pagar o tributo, o imposto aos reis de Espanha; em segundo lugar, servia para cobrir os gastos municipais e os gastos do culto; em terceiro lugar, ele servia para socorrer os pobres e os indigentes; e, finalmente, tinha uma função supletiva, ou seja, ele servia para dar aos índios o que eles mesmos não conseguiam produzir por seus próprios meios. As três primeiras funções do "Tupambaé" estão especificadas na legislação colonial: as "Leis de Índias" obrigavam cada "redução" a cumprir estas três funções.

CLOVIS LUGON — Quanto às formas de comunismo ali realizadas, elas eram bastante avançadas, bastante absolutas, a terra era propriedade comum. O padre Sepp, em vinte e oito anos, nunca viu uma cerca, nem uma baliza entre as propriedades. Quando, para apaziguar os espanhóis, se introduziram pequenos lotes individuais, os Guaranis se desinteressaram deles, que acabaram não se tornando um fato, uma realidade. Eles aproveitavam o dia que era concedido para trabalhar o lote para se espreguiçar nas redes. Para falar de outro modo, eles estavam muito satisfeitos com o sistema de propriedade em vigor, o qual, aliás, eles retomaram mais tarde, quando certos grupos puderam sobreviver fora da República dos Guaranis.

JUAN CARLOS GARAVAGLIA — A fama de império "socialista" dos Incas, e toda a fraseologia a respeito, vêm da incapacidade de o pensamento ocidental compreender um tipo de organização redistributiva que não existe no Ocidente. Ou seja, uma sociedade onde o trabalho e o produto não são fins em si mesmos. Uma sociedade socialista ideal é aquela onde o controle do aparelho produtivo está nas mãos de todos. Evidentemente, nas "reduções" jesuíticas, o controle do aparelho produtivo está nas mãos do missionário e não nas dos índios.

CLOVIS LUGON — Os Guaranis nunca manifestaram a mínima resistência ao estabelecimento de uma economia dirigida, coletiva, comum, onde as terras, as oficinas, as casas só pertenciam à comunidade; os noivos recebiam seu "apartamento", se assim podemos dizer, na hora de casar. Nunca os Guaranis mostraram a mínima resistência. Quando se lhes quis impor lotes pessoais, por pressão dos castelhanos, manifestaram indiferença ou hostilidade.

JUAN CARLOS GARAVAGLIA — A produção provém, no começo, das expedições aos ervais selvagens, onde os índios vão dirigidos pelos "capatazes" e voltam com as canoas carregadas de erva-mate. A seguir se faz a divisão do produto: uma parte fica com os indígenas e a outra para o "Tupambaé", sendo o missionário quem decide a divisão. Na segunda época, já no século XVIII, os ervais serão cultivados em quintas, como se fossem laranjas, limões. Aqui, também, é o missionário quem decide a organização da produção. Isso demonstra que, mesmo que o "Tupambaé" seja uma espécie de redistribuidor (o que tem dado ao Ocidente aquela visão socializante, comunizante, à organização indígena), não é o índio quem decide sobre o destino final do produto, nem a parte que recebe (ele realmente recebe uma parte, mas não decide que parte e como utilizá-la).

RAMON GUTIERREZ — O indígena é absolutamente imprevidente. Mantendo seu hábito nômade, resolve o problema de sua alimentação todos os dias e consome tudo o que tem. Não possui capacidade de planificação, e a subsistência de uma comunidade tão vasta exigia uma planificação, a necessidade de um controle. É comum ler nos cronistas que quando se entregavam bois para trabalhar a terra, os indígenas imediatamente os matavam e comiam. Quer dizer, existe uma falta de compreensão, e o processo educativo leva quase um século para obter resultados. (Cada modificação cultural é de uma ou outra maneira uma certa violência à estrutura.) Se não partíssemos da necessidade de mudanças, chegaríamos a uma sociedade estática. É evidente que os jesuítas procuraram fazê-lo dentro dos cânones, conceitos e marcos de referência cultural daquela época, que possibilitava e aceitava elementos de castigo que nós hoje não aceitamos. Acredito que procuraram fazê-lo com o menor custo humano e social possível.

MOYSES VELLINHO — Do ponto de vista histórico, nada é mais certo nem mais incontestável, o fato de a experiência jesuítica ter se assentado inteiramente sobre a servidão do índio.

JUAN CARLOS GARAVAGLIA — Talvez o exemplo mais impressionante seja o do pe. Antonio Sepp. Nos seus escritos ele conta como o missionário castiga um indígena por meio de outro (não é o sacerdote quem castiga: ele ordena a um "capataz" indígena que aplique a pena). Depois de castigado, o índio vem agradecer o castigo, dizendo, naturalmente em guarani: "Obrigado, oh! meu padre, por ter me devolvido o ser que tinha perdido".

CLOVIS LUGON — E se nós nos reportarmos ao "Libro de Ordenes" que contém, por assim dizer, o código penal aplicado aos Guaranis, perceberemos que as punições eram bem moderadas. Muitas vezes era uma simples reprimenda, depois eram rezas de penitência, jogos, a prisão, o chicote (no máximo vinte e cinco chicotadas, e nunca deveria correr sangue). E, finalmente, a prisão perpétua para os crimes mais graves; mas a prisão perpétua, ela mesma acabava resultando em dez anos de prisão. Os Guaranis, que deveriam ser conduzidos numa "linha dura", segundo a que se diz do padre Cardiel, foram tratados conforme uma legislação muito mais branda que aquela que vingava nesse época na Europa, onde a pena de morte existia, enquanto que ela nunca foi aplicada para os Guaranis.

JUAN CARLOS GARAVAGLIA — Essa agressão física ao indígena também se dá fora das "reduções". Na sociedade colonial, sociedade de castas, os negros, mulatos, mestiços pagam a menor das faltas com penas corporais. Na sociedade europeia da época, onde a agressão física formava parte da vida cotidiana, especialmente na estrutura penal, o castigo era a pena corporal.

MOYSES VELLINHO — O índio foi submetido a normas severas, que eram cumpridas mediante castigos corporais impingidos com toda a pompa, a fim de escarmentar a coletividade inteira. Havia um cerimonial preparado exatamente para esse fim, e o processo se implantou com tanta força e tão habilmente entre o gentio, que eles acabaram gostando de apanhar. E quando corria muito tempo da última surra, eles reclamavam dos padres, supondo que tivessem sido esquecidos. É um fato que não é negado nem pela literatura jesuítica. Aliás, o livro que eu escrevi ("Capitania d'El Rei"), os capítulos que consagrei a esse assunto são exclusivamente baseados na literatura jesuítica. Eles não fizeram mistério disso.

MAXIME HAUBERT — Os primeiros jesuítas chegaram com um entusiasmo que podemos considerar como louco. Faziam uma ótima ideia dos índios. O pe. Antonio Ruiz de Montoya considerava os índios como seres absolutamente racionais; escrevia que eles tinham um raciocínio tão bom e tão certo quanto o dos espanhóis. Contudo, uma vez passados dez, quinze, vinte anos, cinquenta anos, ou seja, depois que os jesuítas enfrentaram as dificuldades cotidianas de administração, eles começaram a pensar que talvez os índios não fossem tão racionais, tão adultos quanto tinham pensado antes. E passaram a escrever que na verdade os índios eram infantis, que não possuíam raciocínio maior do que o de uma criança europeia de cinco ou seis anos. Começaram, então, a alimentar um desprezo bastante significativo em relação a eles.

CLOVIS LUGON — Eu quero dizer que os Guaranis foram subestimados quando considerados como se não tivessem inteligência comparável à nossa. E tem jesuítas, como o padre Sepp, que dizia que nada se podia tirar de suas cabeças. Mas Muratori, que foi educado pelos padres jesuítas e que conhecia seus preconceitos, escreveu: "Eu acredito que as cabeças índias valem tanto quanto as nossas. E que se quiséssemos formá-los, eles poderiam constituir-se em membros da Companhia de Jesus".

JUAN CARLOS GARAVAGLIA — Por que os primeiros cronistas, como Roque Gonzalez, Ruiz de Montoya ou Diego de Torres não apresentam essa visão do "indiozinho", em diminutivo, feito criança, submisso e bom? Porque eles encontram o índio forte que enfrenta o mundo colonial, que resiste às investidas para ser "reduzido", que enfrenta o missionário. Ao fim do século XVII já temos aquela visão do índio-criança, o índio dominado, controlado, realmente transformado em criança.

Esta passagem do índio-selvagem ao índio-criança é evidente em Sepp, quando compara os índios de sua "redução" e outros índios "selvagens" - que pretende arrebanhar - chamando os primeiros de ovelhas e os segundos de lobos.

CLOVIS LUGON — Um preconceito extremamente grave resultou do fato que os jesuítas não tenham desenvolvido uma elite superior na República dos Guaranis. No momento em que eles próprios foram expulsos, não havia um só padre Guarani. E evidentemente que se padres Guaranis ali se encontrassem, eles poderiam ter liderado, inspirado, animado uma resistência espiritual, e outras. É, portanto, uma lacuna bastante grave, proveniente do paternalismo que, com uma dose de razão, se censura aos jesuítas. Não se pode ser muito exigente, pois, se eles houvessem criado uma elite superior de padres Guaranis, os colonialistas lhes teriam feito admoestações ainda mais veementes.

RAMON GUTIERREZ — Ao valorizar esta ideia sacra que possui o Guarani do seu mundo, onde não se diferencia claramente o que é secular do que é sacro, como fazemos habitualmente, onde tudo tem um sentido sacro, um sentido mágico, um sentido mítico, o jesuíta compreende que as formas de comunicação têm que ser testadas dentro da mentalidade barroca do século XVII, que estas formas de comunicação devem estar vinculadas à ritualização da vida. O Guarani, desde antes do sistema das "reduções", tinha adotado como sistema de comunicação as formas teatrais, as formas rituais de caráter musical, a dança etc.; são elementos culturais incorporados a seu próprio âmbito natural. De tal maneira que o jesuíta retoma esses elementos como meio de comunicação e de persuasão e, ao mesmo tempo, como formas de participação. Quer dizer, o indígena é protagonista dessa forma de vida. Quando a gente lê as crônicas em que as pessoas vão ao trabalho, ao campo, com tambores, cantando em corais e dançando, começamos a entender que todos esses mecanismos não constituem simples elementos alegóricos desincorporados do contexto, mas muito próprios dentro dessa forma ritual da vida Guarani.

JUAN CARLOS GARAVAGLIA — A exaltação religiosa, que um escritor do século XVIII chamou de "cadeias invisíveis" (que considero uma definição excelente e muito adequada), está montada sobre um instrumental bastante complexo, que implica os templos, sua magnificência, as casas de pedras, os bailes, festas, o tipo de roupa que usavam os burocratas, os cantores, os dançarinos. Através desse mecanismo de luzes e de música se filtram muitos elementos da vida indígena, que os jesuítas promovem, em função desse tipo de exaltação religiosa. Qual é o objetivo dela? Os jesuítas, eles próprios, respondem, sem enganar, nem pretendem enganar: a alma simples dos índios (confirmado por Muratori) se impressiona com nossos templos, com as danças, a música, através dos quais vai ser dirigida cada atividade dos índios. Isto é, vai formar todo um cerimonial que há de marcar cada um dos atos da vida cotidiana indígena.

RAFAEL ELADIO VELÁZQUEZ — O Paraguai no século XVII é um país monoprodutor, sua exportação é a erva-mate e com ela se financiam todas as importações, servindo inclusive de moeda. A exploração da erva-mate é uma atividade penosa, que era desempenhada pelo indígena. Este indígena era o Guarani "reduzido" a povoados ou submetido ao regime da "encomienda", em virtude do qual devia trabalhar dois meses ao ano para o espanhol, que recebia o título de "encomendero". Existia, também, o chamado "serviço pessoal". Este trabalho indígena, em consequência, é a base da economia paraguaia do século XVII. Não somente o cultivo da erva-mate, mas também a navegação pelo Rio da Prata, já que o mercado de nossa produção ervateira era o Rio da Prata, tanto como mercado de consumo como centro de distribuição para os outros territórios. Daí podermos afirmar que a "encomienda" foi a instituição social e econômica capital na configuração do Paraguai no século XVII.

ERNESTO J. MAEDER — A população das missões jesuíticas sofreu uma série de flutuações. Um primeiro momento se dá entre os anos 1690 e 1733, em que a população cresce de 70 mil, aproximadamente, para 141 mil habitantes, que é o máximo que conseguiu alcançar. Um segundo momento é de declínio: de 1733 a 1740. Dos fatores de grande importância podemos citar a influência das epidemias, por exemplo, a varíola, gripe, catarro, disenteria, que tiveram uma enorme incidência. A mortalidade no século XVIII é a grande determinante das flutuações de população. Em repetidas ocasiões se fizeram mobilizações de índios Guaranis. No caso dos diferentes cercos à Colônia de Sacramento, entradas em direção ao Chaco, a revolta "Comunera", conflitos de diversa natureza, nos quais as milícias Guaranis foram mobilizadas e levadas para outros lugares com a consequente desorganização dos "povos" em alguns casos e, em outros, diminuição de braços para a colheita. Portanto, tudo isso influiu de uma forma capital para que a população não se mantivesse numa situação estável.

JUAN CARLOS GARAVAGLIA — Isso quer dizer que há uma relação muito grande entre esse mundo de concentração e o domínio, o controle ideológico. Quando esse mundo se quebra por um fato externo, como é a necessidade de ir sufocar os levantes dos espanhóis, acontecem essas fugas individuais. Mas por que fugas individuais, por que delinquência (os castigos são para acabar com esta delinquência, precisamente)? Acredito que deveríamos aqui fazer menção de como acabam as "reduções": quando estas deixam de estar nas mãos dos jesuítas, em 40 ou 50 anos, os "povos" desaparecem. Fundamentalmente porque os índios vão embora, fogem. Isso significa que, para o índio agredido, a única atitude possível é a fuga individual, não há possibilidade de rebeliões em grupo. Porém não devemos esquecer que no século XVII começam as rebeliões no Paraguai, de índios e de "povos" já cristãos, não jesuítas. Quando acontecem as rebeliões "Comuneras" (levantes dos espanhóis de Assunção), os jesuítas vão com seus índios acabar com elas, e aí acontecem quantidades incríveis de fugas, comprovadas depois através dos registros de marinheiros nos barcos que descem de Assunção e, se tivéssemos registros das chácaras, das fazendas, acredito que as quantidades seriam maiores.

RAFAEL ELADIO VELÁZQUEZ — Devemos considerar que a Companhia de Jesus é a mais verticalista das ordens religiosas que atuaram no Paraguai colonial. Esse tipo de subordinação à autoridade superior é taxativa. Em consequência, desde as lutas da Contrarreforma, são eles os mais decididos defensores do princípio da autoridade. Como os "Comuneros" lutam contra este princípio da autoridade em todas as suas manifestações, é natural que o poder do rei e dos governantes conte com o apoio dos jesuítas. Isso explica que em quatro ocasiões, durante 150 anos, milícias de índios Guaranis tenham invadido o Paraguai. E não chegaram de moto próprio, mas em apoio de medidas punitivas decretadas pelos vice-reis do Peru para submeter os "Comuneros" do Paraguai. As milícias agiam como auxiliares dos exércitos que representavam o poder do rei.

MOYSES VELLINHO — Toda vez que a concessão espanhola daqui desta região precisava de soldados para combater insurreições ou para a construção de fortes, lançava mão dos índios missioneiros, porque havia sempre a postos soldados preparados, adestrados pelos padres. Esse fato também é incontestável. O pe. Sepp, por exemplo, conta em uma de suas cartas (ele é muito exagerado, mas, descontado o exagero, sobra muito), diz ele que as missões não se atrapalhariam se tivessem que improvisar um exército de 30.000 índios a cavalo, todos a cavalo.

GUILHERMINO CESAR — Quando em 1680 Portugal funda a Colônia de Sacramento, isto é, uma fortaleza em frente a Buenos Aires, na margem de cá do golfo do Prata, a proteína animal abundava em toda a região da chamada "campanha" gaúcha, do lado de lá do rio Uruguai e do lado de cá na chamada Banda Oriental. A extração dessa proteína não era evidentemente um objetivo imediato e, sim, a extração do couro. O couro no Sul do Brasil e naquela região compreendida pela Banda Oriental era usado em quase tudo: na casa, na confecção dos objetos, na cama, na roupa, em toda a parte. De maneira que o couro passou a ser muito importante dentro do processo econômico de Portugal, que o importava em quantidades realmente inacreditáveis.

MOYSES VELLINHO — Se o Brasil não chega hoje até seu limite natural Sul foi devido ao auxílio maciço e reiterado dos jesuítas através dos seus índios militarizados contra os portugueses. Nem bem a Colônia foi fundada, em 1680, poucos meses depois ela era destruída por uma avalancha de 3.000 índios e algumas centenas de espanhóis.

GUILHERMINO CESAR — A instalação, portanto, dessa fortaleza, representou a instalação de um inimigo. E inimigos se tornaram então os jesuítas dos portugueses da Colônia de Sacramento, como de resto eram inimigos de todos os brasileiros em geral.

MOYSES VELLINHO — O Tratado de Madri visava pôr cobro a um estado de coisas insustentável: guerras intermináveis entre espanhóis e portugueses aqui nesta parte Meridional do Brasil. Os objetivos do Tratado eram os mais nobres possíveis, apesar daquele dispositivo absurdo, estúpido, cruel, que determinava a entrega das missões a Portugal. E não apenas isso (que, afinal de contas, se explicaria), mas o expurgo dos índios. Essa cláusula (parece que é a cláusula XVI) foi imposta pela Espanha, porque a Espanha não desejava (ela que vivia em penúria de homens para a luta aqui) que aqueles índios aguerridos das missões passassem para a alçada de Portugal. Pois então ninguém poderia prever onde iria parar o expansionismo português, provavelmente transporia o rio Uruguai e iria até o rio Paraná.

GUILHERMINO CESAR — Os jesuítas ficaram surpreendidos com a assinatura do Tratado de Madri, não esperavam que a obra catequética por eles exercida na margem esquerda do rio Uruguai pudesse ser esquecida por Espanha. Acharam então que a própria Espanha os havia traído porque acertara com Portugal um tratado desta natureza. Quando os exércitos se movimentaram, quatro anos depois do Tratado de Madri, com a finalidade de proceder a um trabalho de demarcação, os demarcadores se defrontaram com tribos indígenas revoltadas. Num desses encontros, por sinal um dos mais sangrentos, a chamada "Batalha de Caibaté", alguns relatos chegam a falar em 10.000 indígenas mortos, no encontro com o exército espanhol e o exército português. E foi numa refrega que precedeu a "Batalha de Caibaté" que morreu Sepé Tiaraju, o alferes real do "povo" de São Miguel, um dos sete "povos" das missões orientais do Uruguai.

MOYSES VELLINHO — Não chegou a ser uma epopeia, pois redundou num massacre estúpido de índios, porque eles não tinham competência para o comando. Ali morreu o maior comandante deles, Sepé Tiaraju, que teve a desgraça de morrer três dias antes do combate. Quer dizer, é um herói frustrado por causa disso, porque os heróis morrem na hora e não antes da hora, e ele morreu três dias antes em virtude de um acidente mesquinho.

MAXIME HAUBERT — Acho muito sintomática a conduta dos Guaranis durante a guerra que os índios das "reduções" da margem esquerda do rio Uruguai travaram para resistir à sua expulsão dos Sete "Povos" das Missões. Durante a guerra guaranítica os índios se comportaram como em suas cartas ao rei de Espanha, cartas absolutamente extraordinárias, onde os Guaranis apelam para o rei de Espanha, apelam para seus sentimentos cristãos e onde perguntam: "Mas como o senhor, que é representante de Deus na Espanha e no império espanhol da América, como o senhor é capaz de fazer tal coisa?"

ANTONIO GONZALEZ DORADO, S.J. — O projeto do império jesuítico é tão fantástico, eu diria, como quando se fala dos grandes tesouros que também os jesuítas tinham dentro das "reduções". Isso pertence realmente ao plano do que eu chamaria de "lenda". É sumamente interessante ter presente que os jesuítas vão ao Paraguai (e isso aparece dentro da documentação) precisamente porque era uma terra pobre aonde pouca gente queria ir. E, em concreto, quando se trata da instalação de Villarica, afirmam que é uma terra excelente precisamente por não ter prata. Portanto, a problemática é outra, totalmente diferente. É a marcha em direção a povos "abandonados", que eles querem ajudar e realizam um processo de evangelização. Porém, simultaneamente, existem dois pontos que acredito deveríamos analisar. O primeiro é que se procurava o caminho de conexão entre o Peru e o Rio da Prata. Portanto, a zona na qual se instalam os jesuítas é precisamente o caminho que se está procurando, e as "reduções", uma das finalidades que terão, será a de achar esse caminho. E irão se instalar algumas delas como postos avançados em direção ao Peru. Mas coincide realmente com o fato de que o Paraguai, Sul do Brasil, Uruguai, Bolívia etc., formarem o coração da América Latina, portanto as possibilidades geopolíticas eram totalmente inéditas, sem terem sido planejadas, mas dadas pela própria geografia.

JUAN CARLOS GARAVAGLIA — Há uma lenda, muito difundida na época colonial, que fala das minas de ouro que possuíam as "reduções" jesuíticas. E isso nos ajuda a entender um dos elementos básicos da ideologia da época. Os "encomenderos", os funcionários da burocracia espanhola que procuravam as famosas minas (que, é claro, nunca existiram) não podiam entender que a riqueza dos templos, a magnificência em pedras, os vestidos luxuosos eram o resultado do trabalho dos índios e não do ouro ou da prata acumulados em supostas minas. Esta sociedade não podia entender que a única fonte produtora de riqueza fosse o trabalho.

CLOVIS LUGON — Estou persuadido que os jesuítas espanhóis, em particular, estavam bastante satisfeitos com a condição de domínio que se exercia sobre a República Guarani. Eles não aspiravam a uma independência completa. Alguns padres estrangeiros (alemães, italianos, escoceses) tentaram consegui-la, provavelmente. Mas, na verdade, eles não tinham planos precisos. E, muitas vezes, a censura que lhes foi feita de querer criar um império era muito mais maldosa do que fundamentada.

ERNESTO J. MAEDER — Os portugueses, principalmente num panfleto que circulou na Europa, chamado de "A Relação Abreviada", dizem claramente que dentro do império espanhol existia toda uma organização de indígenas armados, governados pelos jesuítas, que dependiam de seu padre provincial e do seu superior que estava em Roma e constituíam algo assim como um Estado dentro do Estado.

CLOVIS LUGON — Esta experiência foi mantida em sigilo porque ela era cristã demais para os comunistas ateus, e comunista demais para os cristãos burgueses.

JUAN VILLEGAS, S.J. — Existe a ideia de que os índios "pertencem" aos jesuítas, como se eles fossem patrimônio dos jesuítas, e se produz o rumor e a lenda de que há uma república Guarani, um enclave no meio de todo o sistema político-administrativo espanhol. A Coroa de Espanha julga que todos os índios e as "reduções" jesuíticas, todo o comportamento dos jesuítas, significam uma ameaça, um quisto, e determinam a sua retirada das Américas, em 1767.

JUAN CARLOS GARAVAGLIA — É importante como acabam as "reduções"? Qual era a razão para os índios não defenderem as "reduções"? Por que não disseram nada quando os jesuítas foram embora? Por que, quando chegam os novos administradores, eles não se rebelam? Porque não desejavam defender algo que não consideravam próprio ou não tinham armas ideológicas para perceber como poderiam se opor a quem os estava invadindo.

MOYSES VELLINHO — Até hoje ninguém provou que tenha havido um sonho de império guaranítico. Mas também ninguém provou o contrário.

... Dói-me nos olhos a lágrima do índio que me louva em latim e uiva como um cão na Sexta-Feira roxa da Paixão... (*Aparício Silva Rillo*).

FICHA TÉCNICA

Filme
REPÚBLICA GUARANI[x]

PESQUISA E ROTEIRO: Sylvio Back e Deonísio da Silva

COLABORAÇÃO: Antonio Carlos Moraes, Antonio Carlos Souza Lima, Claudia Menezes e Carlos Alberto Kolecza

PESQUISA ICONOGRÁFICA: Antonio Carlos Moraes

FOTOGRAFIA E CÂMARA: Jose Medeiros

FOTOGRAFIA E CÂMARA ADICIONAIS: Ludo Kodato, Zetas Malzoni e Getúlio Alves

ASSISTENTE: Jose Assis de Araújo

DIREÇÃO DE PRODUÇÃO: Plinio Garcia Sanchez

ASSISTENTES DE PRODUÇÃO: Ernesto Raupp, Manuel Losada, Oscar Boraglio, Carlos Conrado Sanchez e Ardelino Prestes

MÚSICAS: Canto Axé-Guayaki (gravado por Miguel Chase Sardi) Asociación de Parcialidades Indígenas — API Paraguai

» O, Que Bien Baila Gil!
» Anônimo
» Suite en la Maior
» Domenico Zipoli
» Misa Criolla Ariel Ramirez
» Misa Folklórica Paraguaya Hermínio Gimenez
» Dança da Lagoa do Sol J. Waldir S. Garcia
» Os Tapes
» Banda Peteke-Peteke
» (Yaguarón — Paraguai)
» Sons primitivos
» Total
» Noel Guarany com o autor

FOTOGRAFIA DE CENA E REPRODUÇÕES: Paulo Vasconcelos

REPRODUÇÕES ADICIONAIS: Joao Sócrates de Oliveira e Paulo Barbosa

ICONOGRAFIA: Thomas Tilcara, Leoni Mathis, Guido Boggiani, Erich Freundt, Ulrich Schmidt, Florian Paucke, S.J., Martim Dobrizhoffer, S.J., Theodor de Bry, Alfred Demersay, Anton Sepp, S.J., 'Felipe Guaman Poma de Ayala, A. de Ovalle, Nicolau del Techo, S.J., Antonio Herrera, Diogo Soares, e artistas anônimos, índios e brancos.

DIREÇÃO DE ANIMAÇÃO: Marcello G. Tassara

OPERADORES DE CÂMARA DE ANIMAÇÃO: Rodrigues Gomes e Celso dos Santos

FILMES:

» **Xetas na Serra dos Dourados**
Direção de Vladimir Kozak
Documentário de media metragem/1956
Acervo: Departamento de Psicologia e Antropologia da Universidade do Paraná

» **Bandeirantes**
Direção de Humberto Mauro
Documentário de media metragem/1940
Instituto Nacional do Cinema Educativo — Rio de Janeiro

SOM DIRETO: Miguel Sagatio e Ismael Cordeiro

TRADUÇÃO: Solange Simon e Mona Sancovsky

ASSESSORIA CONTÁBIL: Dionísio Olicshevis e Luís Mewes

MONTAGEM E EDIÇÃO: Laércio Silva

ASSISTENTE: Mario Queiroz Filho

LMAGEM: Revela e Líder Cine-Laboratórios

SOM: Álamo

MIXAGEM: Carlos dos Santos

TRUCAGENS: Truca (SP)

PROCESSOS: 35 mm / Plano / Eastmancolor Duração: 1h40min.

PRODUÇÃO: Sylvio Back e Empresa Brasileira de Filmes EMBRAFILME

APOIO: Prefeitura de Santo Ângelo, RS

ASSISTENTE DO DIRETOR: Maraidith Flores

ROTEIRO E DIREÇÃO: por Sylvio Back

BRASIL / 1981.

AGRADECIMENTOS*

ARGENTINA

Buenos Aires

» Horácio Porcell
» Fernandes Blanco
» Maria Cecília Balza
» Héctor Schenone
» Museo Municipal de Arte Hispanoamericana "Fernandez Blanco"
» Museo Mitre

Posadas

» Sanchez Ratti
» Instituto "Ruiz de Montoya"

Resistência

» Biblioteca Provincial "Leopoldo Herrera"
» Arquivo "Mario J. Busquiazzo"

PARAGUAI

Assunção

» Livio Abramo
» Jorge Patrício Escobar Genes
» Pablo Godoy
» Miguel Chase-Sardi
» Marilyn Rehnfeldt
» José Antonio Gomes Perasso
» Olga Blinder
» Antonio González Dorado, S.J.
» Miguel Angel Fernandez

* Meus agradecimentos são extensivos ao padre Arthur Rabuske, S.J. e ao professor Ruy Ruben Ruschel, do Brasil; ao padre Angel N. Acha Duarte, à professora Josefina Plá, ao artista plástico brasileiro Livio Abramo e à etnóloga Branislava Sušnik, do Paraguai, especialistas que entrevistei e que, pela imponderabilidade da montagem e do ritmo cinematográficos em que um filme se vê atirado à hora de sua edição final, acabaram excluídos da versão definitiva. Nem por isso ficaram inteiramente fora do filme, pois, no capítulo dedicado às indagações, lá constam, diluídas entre as demais, inúmeras perguntas a eles endereçadas.

» Museo Etnográfico "Andrés Barbero"
» Centro de Estudos Brasileiros
» Dirección General de Turismo del Paraguay
» Asociación de Parcialidades Indígenas — API
» Asociación Indigenista del Paraguay

URUGUAI

Montevidéu
» Octavio Assunção
» Fernando Assunção
» Rolando Laguardia Trias

BRASIL

Curitiba, PR
» Igor Chmyz
» Oldemar Blasi
» Guy Mourão
» Departamento de Psicologia e Antropologia da Universidade Federal do Paraná
» Museu Paranaense

Santo Ângelo, *RS*
» Carlos Wilson Schröder

São Leopoldo, RS
» Arthur Rabuske, S.J.
» Arnaldo Bruxel, S.J.

Ijuí, RS
» Eliezer Pacheco

Porto Alegre, RS
» Noel Guarany

Tapes, RS
» Os Tapes

Rio de Janeiro, RJ
» Abeillard Barreto
» Ligia Cunha

» Isa Adonias
» Philomena Gebran
» Departamento do Filme Cultural da EMBRAFILME
» Biblioteca Nacional
» Instituto Histórico e Geográfico Brasileiro
» Mapoteca do Itamarati
» Centro de Operações Cartográficas do Exército

Sao Paulo, SP

» Regina Maria D'Aquino Gadelha
» Darcy Piveta, S.J.
» Erasmo Magalhaes
» Tekia Hartman
» Jose Saia
» Arnaldo Sakamoto
» Rubem Thomaz de Almeida
» Rosemarie Horsch
» Walter Carvalho
» Malu Maranhão
» Zetas Malzoni
» Blimp Film
» Oca Cinematográfica
» Taba Filmes
» Instituto de Estudos Brasileiros da Universidade de São Paulo
» Biblioteca Municipal "Mario de Andrade"
» Instituto do Patrimônio Histórico e Artístico Nacional — IPHAN
» Departamento do Arquivo do Estado de São Paulo
» Museu Paulista

FRANÇA

Paris

» Maxime Haubert

VATICANO

» Bartomeu Melià, S.J.

Se Deus é por nós, quem será contra nós? (Romanos 8:31).

BIOFILMOGRAFIA

SYLVIO BACK é filho de imigrantes húngaro e alemã. Nasceu em 1937, natural de Blumenau (SC). Escolas primária e secundária no litoral paranaense. Em Curitiba, troca a Universidade (3º ano de Ciências Econômicas) pelo jornalismo, onde milita oito anos. Simultaneamente faz crítica de cinema diária, colabora em jornais e revistas e, como autodidata, na direção cinematográfica (1962). Nesta época, é um dos fundadores e preside o Clube de Cinema do Paraná. Entre 1974-75, coordena dois festivais nacionais de filmes Super 8, no Paraná.

FILMES E PUBLICAÇÕES:

1962/64 — "As Moradas" (curta-metragem), argumento e roteiro com Oscar Milton Volpini e Francisco Bettega Neto; montagem, texto e direção. Produção coletiva.

— Co-autor de coletânea de contos: "7 de Amor e Violência" (esgotado). Edição dos autores.

1965/66 — "Os Imigrantes" (média-metragem), roteiro e direção, produção do Departamento de Cultura da Secretaria de Educação do Paraná; "Curitiba, Amanhã" (curta-metragem); "A Grande Feira" (CM) e "Vamos nos Vacinar" (CM), roteiro e direção.

1967 — Edição de "Um Cinema Polêmico" — ensaio sobre o cinema tcheco (esgotado). Edição Cinema de Arte Riviera (Curitiba).

1967/69 — "Schweyke na II Guerra Mundial" e "O Livro de Cristóvão Colombo", curtas-metragens inseridos na encenação dessas peças teatrais; roteiro e direção. Produção Teatro Guaíra.

1968 — "Lance Maior" (longa-metragem), roteiro com Oscar Milton Volpini; diálogos de Nelson Padrella; direção. Coprodução com Apolo Produções (PR) e Servicine (SP). Prêmio "melhor cartaz" para Manoel Coelho (Festival de Brasília).

— Edição de "Cinema Paranaense?" (esgotado). Edição do autor.

1970 — "A Guerra dos Pelados" (longa-metragem), adaptação do romance "Geração do Deserto", de Guido Wilmar Sassi; roteiro com Oscar Milton Volpini; direção. Coprodução com Servicine (SP). Cinco prêmios nacionais; menção especial na II Semana Internacional de Cinema de Autor, em Málaga (Espanha).

1970/74 — Produção e direção (Paraná/São Paulo) de mais de uma centena de filmes comerciais para a televisão.

1973 — "A Gaiola de Ouro" (média-metragem — programa "Globo Shell"), roteiro, texto e direção. Produção Blimp Film (SP). Prêmio no I Festival Nacional de Curta-Metragem da Aliança Francesa; prêmio "Helena Silveira" e troféu "Amiga" para o melhor programa do ano.

1974 — "O Semeador" (curta-metragem em Super 8), roteiro e direção.

— "Curitiba, Uma Experiência em Planejamento Urbano" (curta-metragem), produção e direção.

1975 — Edição do roteiro de "Lance Maior". Fundação Cultural de Curitiba.

1976 — "Aleluia, Gretchen" (longa-metragem), argumento; roteiro com Manoel Carlos Karam e Oscar Milton Volpini; direção. Coprodução com EMBRAFILME. Em dois anos, 15 premiações nacionais ("Air

France", "Golfinho de Ouro", "Governador de São Paulo", Associação Paulista dos Críticos de Arte — APCA, EMBRAFILME, etc.). Selecionado para os festivais de Brasília, Gramado, Chicago, Mannheim e Berlim.

— Edição do roteiro de "Aleluia, Gretchen". Fundação Cultural de Curitiba.

— "Teatro Guaíra" (curta-metragem), roteiro, texto, produção e direção.

1977 — "Mulheres Guerreiras" (média-metragem — programa "Globo Repórter"), roteiro, texto e direção. Produção Blimp Film (SP).

1978 — "Um Brasil Diferente?" (curta-metragem), roteiro, texto e direção. Prêmio "Melhor filme de turismo do ano" (EMBRATUR).

— "Crônica Sulina" (curta-metragem), roteiro e direção. Produção Blimp Film (SP).

— 2ª edição do roteiro de "Aleluia, Gretchen". Editora Movimento (Porto Alegre).

1979 — "*República Guarani*" (média-metragem), pesquisa e roteiro com Deonísio da Silva; direção. Produção EMBRAFILME.

1980 — "Revolução de 30" (longa-metragem), pesquisa, roteiro, produção e direção.

— "1930, a Revolução que Mudou o Brasil" (média-metragem — programa "Globo Repórter"), roteiro, texto, produção e direção.

— "Sete Quedas" (curta-metragem), roteiro, texto, produção e direção. Melhor roteiro no Concurso de Filmes sobre Turismo (EMBRATUR/EMBRAFILME).

— Edição do roteiro de "Sete Quedas". Casa Romário Martins (Curitiba).

1981 — "*República Guarani*" (longa-metragem), pesquisa e roteiro com Deonísio da Silva; direção. Coprodução com EMBRAFILME.

— "Jânio — 20 Anos Depois" (média-metragem —programa "Globo Repórter"), roteiro, produção e direção.

— "A Araucária: Memória da Extinção (média-metragem), roteiro, texto e direção. Produção Universidade Federal do Paraná — Universidade de Freiburg (Alemanha Ocidental).

— "A Extinção da Araucária" (dois segmentos do programa "Globo Rural"), produção e direção. "Imigração Polonesa do Brasil" (média-metragem), roteiro, texto e direção. Produção Secretaria da Cultura do Paraná e EMBRAFILME.

— "A Escala do Homem" (curta-metragem). Roteiro, produção e direção.

"***REPÚBLICA GUARANI***[x]" é uma reflexão laica sobre a aproximação Igreja-índio, desde a Conquista no século XVI, aos dias atuais. Meu filme, categoricamente, põe sob suspeita todo e qualquer tipo de evangelização ou ocupação ideológica do indígena, no passado e no presente. Nisso, "***REPÚBLICA GUARANI***[x]" aparece como uma cunha cinema brasileiro adentro. A maioria dos filmes sobre índios realizados no Brasil ostentam um indisfarçável comprometimento com a visão tutelar, autoritária da Igreja. Em outras palavras, há uma síndrome religiosa no porão dos documentários ou filmes de ficção brasileiros em que se discute a condição do indígena, tanto a nível de sua cosmovisão, quanto a da questão da terra, seu horizonte físico.

SYLVIO BACK

De las missiones, religiosas y inmorales, no quedan ya más que paredes, descascaradas, por donde asoma el buho, el ojo y pasea melancólico el lagarto. (José Martí).

Nosso Senhor ganhará muitas almas e Vossa Alteza muita renda nesta terra.

MANUEL DA NÓBREGA, S.J.

Composto em FreightText Pro
pela Officio para a Almedina Brasil.
Sul da Ilha de Santa Catarina,
julho de 2023.